清 張廷玉等撰

明史

第一一冊

卷一〇七至卷一一二（表）

中華書局

明史卷一百七

表第八

功臣世表三

始封	子	孫	曾孫	五世	六世	七世	八世	九世	十世
保定伯梁銘 仁宗卽位，十二月己巳封，祿千五百石，世	珤 宣德十年二月辛未襲。景泰三年十二月	傳 成化四年五月乙亥襲，祿千石。十七年正							

襲。宣德二年九月乙未卒於交阯軍中。

丁未進封侯。五年二月賜誥券，予世襲伯爵。天順元年十月鎮陝西，還領左府。成化三年十二月卒。追封盩國公，謚襄靖。

月卒。

任 成化十八年五月丙子襲。弘治九年三月領南京左府。

永福 正德八年八月壬戌襲。十年閏四月乙丑領南京後府。嘉靖元年改右府。九年五月有罪革任，卒。

繼藩 嘉靖十四年七月辛未襲。十五年十二月管紅盔將軍。明年十月坐五軍營右哨。二十九年九月戊午領南京前府。

世勛 萬曆初襲，慶典軍職。崇禎元年六月乙巳閒住。

天秩 崇禎十五年五月壬午管紅盔將軍。以上二世襲、卒無考。

忠勤伯
李賢
洪熙元年
隆慶二年十二月提督操江。五年五月癸亥領左府。萬曆二年十一月壬申提督南京操江，兼管巡江。

正月戊申封。六月癸丑卒，除。	廣義伯　吳管者　洪熙元年正月戊子封，祿千石，世襲。
	玘　正統四年十一月甲戌襲。景泰七年九月卒。　琮　玘從弟。天順二年九月丁亥襲。成化

	清平侯 吳成 初名買驢。洪熙元年七月壬辰封伯，祿千一百石，世襲。宣德四年二月進
二年七月鎮寧夏。五年六月以罪譴戍，除。	
	英 宣德十年二月丙辰襲。
	璽 天順八年九月庚申襲。成化十四年九月卒。 琮 成化十五
	傑 正德三年
	家彥 嘉靖二十
	國乾 萬曆四年
	遵周 萬曆三十

封侯，加祿四百石。八年十二月卒。追封梁國公，謚壯勇。

年襲。弘治十一年八月領南京後府。十七年四月卒。

三月辛亥襲。六年四月，神機營管操。嘉靖四年十二月鎮湖廣。十年六月庚申卒。

年五月戊子襲。二十七年十月管紅盔將軍上直。

八月丁亥襲。三十七年十月卒。

八年九月丙午襲。天啓元年六月領前府。崇禎十五年改中府。

右洪熙朝

崇信伯

費瓛 宣德元年八月丁卯

釗 宣德三年八月庚寅

淮 成化八年四月丁丑

杜 弘治十一年七月己

封，祿千一百石，世襲。十月鎮甘肅。三年二月卒。

襲。天順四年閏十一月卒。

襲。

酉襲。十四年七月領五軍營。正德中，左府僉書。嘉靖九年十二月壬戌卒。

栻　嘉靖十年五月戊子襲，履典戎職。十七年十一月乙

煒　嘉靖十八年六月癸亥襲。二十一年九月僉書中軍

坤　嘉靖三十五年三月庚午襲。

甲金　萬曆二年二月襲。十九年十二月領中府。

天澤　萬曆四十三年襲。崇禎三年九月甲辰加太子太師。

尚檝　崇禎十一年六月乙卯襲。

未卒。

都督府事。

十一年卒。追贈太傅。

會寧伯

李英

宣德二年九月戊申封，祿千一百石，鎮西寧。正統二年三月癸巳有罪革爵。

新建伯	奉化伯
李玉	滕定
宣德四年二月辛丑封，祿八百石，世指揮使。正統六年八月卒。	宣德四年七月乙丑封，祿、襲同

前。正統六年十一月卒。追封侯。

順義伯

金順

宣德四年七月乙丑封，祿同前。八年九月卒。

安陽伯

曹隆

永樂九年

九月卒。宣德初追封，謚忠毅。	邵陽伯 馬聚 宣德四年二月戊寅卒。追封，謚壯勇。	清源伯 冀傑 宣德四年二月辛巳

卒。追封，諡忠壯。										
西和伯 吳守義 宣德四年六月乙酉卒。追封，諡僖順。										
營山伯 高成 宣德四年七月辛酉卒。追封，諡										

武毅。	湯陰伯 郭資 宣德八年十二月以文臣追封。諡忠襄。	榆次伯 張廉 永樂中從征有功。宣德七年十月辛卯卒。

追封，諡忠敏。

臨漳伯

郭義

宣德間追封。

右宣德朝

會川伯

趙安

正統三年封，祿千石，鎮涼州。九年十二月

卒。	寧遠伯 任禮 正統三年四月封，祿千二百石，世襲。成化元年正月卒。追封侯，謚僖武。	定西侯 蔣貴 正統三年
	壽 成化元年五月丁卯襲，鎮陝西。四年十一月以罪戍邊，爵除。	義
		琬 正統十四
		驥 成化二十
		敘 正德四年
		傅 嘉靖十一

封定西伯，祿千二百石。七年五月進封侯，世襲。十四年正月卒。追封涇國公，諡武勇。

年十月辛亥襲。領左府。成化十年閏六月領團營，累加太保。二十三年八月卒。追封涼國公，諡敏毅。

三年襲。弘治十七年四月領神機營五千下。十八年二月鎮湖廣，移鎮遼東。正德四年六月卒。

十二月癸卯襲。十年十二月，神機營五千下坐營。十二年十一月掌府軍前衛印。

年正月癸酉襲。二十三年五月領南京前府。二十五年召還，屢典軍職。三十四年六月甲子卒。

佑　嘉靖三十五年九月

建元　萬曆三年十一月癸

承勳　萬曆三十九年八月

維恭　天啓二年十二月己

秉忠　崇禎十三年襲。

庚午襲。隆慶二年正月領右府。五年正月庚辰改前府。萬曆三年十月壬申卒。

丑襲。四年二月管紅盔將軍上直。二十年九月協守南京。

庚辰襲。天啓元年六月丙申領南京前府。

卯襲。崇禎三年九月甲辰加少保。十三年卒。

修武伯

沈清　正統六年十月封，祿千石，世襲。

榮　正統八年七月己卯襲。十三年

煜　景泰三年五月，以立后、立儲恩，

祺　成化中襲。卒。無子。

坊

八年四月卒。謚襄榮。	永寧伯 譚廣 正統六年十一月癸卯封。九年十月卒。謚
十月領左府。十四年八月壬戌沒於土木，追削爵。天順初追封侯，謚僖愍。	
准襲，祿八百石。天順末，鎮薊州，移鎮寧夏。成化十三年以罪削爵。	
成化二十三年十一月甲辰襲。弘治六年三月己巳卒。子襲指揮使。	

襄毅。成化三年九月追封侯。子襲指揮使。	靖遠伯 王驥　正統七年五月壬申封奉天翊衞推誠宣力守正文臣，祿千二百石，尋加
	瑺　天順四年十月乙卯襲。成化七年二月卒。
	添　成化八年襲。十二年五月坐五軍營。十五年八月卒。
	憲　成化十九年二月襲。弘治初管紅盔將軍侍直。正德八年掌府軍前衞。九
	瑾　正德十年四月襲，屢典軍職。嘉靖三十四年九月癸巳鎮兩廣。
	學詩　萬曆元年正月辛亥襲。 學禮　萬曆四年四月癸酉襲。十九年
	繼芳　萬曆四十一年七月戊辰襲。踰
	永恩　一作承恩。萬曆四十三年七月

三百石。天順四年五月卒。追封侯，謚忠毅。	平鄉伯 陳懷 正統九年三月丙寅封。十四年
	輔 正統十四年十一月壬辰襲。
	政 景泰六年正月庚申襲。成化八
年十二月卒。	信 成化二十二年十二月丙子襲。
二月壬申領左府，改中府。四十一年卒。	
年卒。	
丙寅襲。天啓六年三月壬子領南京左府。崇禎十四年二月督浦口河池事務。	

沒於土木。追封侯，謚忠毅。		年鎮兩廣。二十一年十一月卒。	弘治六年正月卒。子襲指揮使。						
招遠伯 馬亮 與陳懷同日封。十一年七月卒。謚榮毅。子襲指揮使。									
忠勇伯 蔣信 正統中封。	善 景泰五年								

卒。追封侯，謚僖順。	八月丁酉襲。天順元年三月增祿千一百石。弘治中卒。無子，除。								
蒙陰伯 李英 英宗即位三月追封，謚襄毅。									
綿谷伯 高文									

正統元年十二月甲子卒。追封，謚莊靖。	懷遠伯 山雲 正統三年十一月追封，謚忠毅。	威遠伯 方政 正統五年八月追封，

謚忠毅。									
泌陽伯 韓僖 正統五年九月追封，謚榮襄。									
臨武伯 蕭授 正統十年追封。									
萊陽伯 孫榮 正統中追									

封。

山陽伯

金純

正統中以文臣追封。

茌平伯

吳中

正統七年六月以文臣追封，謚榮襄。

右正統朝

昌平侯	楊洪　景帝卽位，八月辛未封昌平伯。十一月乙丑進封侯，世襲。二年九月卒。追封潁國公，謚武襄。
	傑　景泰二年襲。四年二月卒。　俊　景泰四年五月乙丑襲。
	珍　景泰七年十二月丙辰襲。天順元年坐附于謙除。成化十七年

	定襄伯 郭登 景泰元年閏正月庚午封，祿千二百石，世襲。天順元年二月領南京中府，坐罪奪爵。八年三月
	嵩 登從子。成化八年十二月乙丑襲，祿七百石。十三年六月領南京前府，尋改提督操江。十四年
四月詔許襲爵。	

		壬辰復。成化八年四月卒。追封侯，諡忠武。
		正月卒。子襲指揮使。
撫寧伯	朱謙	景泰元年九月丁未封。二年二月卒。天順元年十月追封侯。成化五年諡
保國公	永	景泰二年八月辛未襲，予世券。成化三年正月壬申進封侯。十五年進封
	暉	弘治九年六月甲辰襲公，子孫仍世侯。十六年六月提督團營。正德六年
撫寧侯	麒	正德七年四月襲侯。十二年十二月鎮兩廣。九年三月坐奮武營管操。嘉
	岳	嘉靖十七年襲。二十一年四月僉書中府。四十二年二月掌左府。

武襄。	公，世襲，祿二千石，累加太師。弘治二年三月掌後府。九年二月卒。追封宣平王，謚武莊。〔一〕	八月卒。	靖十二年十二月鎮湖廣。十三年三月守備南京。十七年加祿三百石，其年卒。	崗　隆慶二年七月壬子襲。萬曆十八年九月壬寅卒。	繼勳　萬曆十九年襲。二十三年十二月癸丑掌府軍前衞。三十七年九月丁未歸自南京，至臨清，爲關使所逼，自殺。	國弼　萬曆四十六年閏四月丙寅襲。天啓元年六月領中府，有罪革祿。莊烈帝即位，十一月庚午復。崇禎四年正月己未守南京，兼		

南和侯 方瑛 政子。景泰五年封伯，世襲。天順元年七月戊子追封	
襲伯 毅 天順四年十二月庚寅襲，以罪革爵。	
壽祥 成化十七年四月丙辰襲。弘治三年八月坐五軍營	
東 嘉靖十八年九月戊戌襲。二十七年十一月丁酉坐	
炳 嘉靖三十三年十一月己酉襲，屢掌兩京軍府。	
應奇 隆慶二年襲。卒，無子，叔燁襲。	
	領中府，累加少傅。十一年正月削爵。十六年四月壬午復。

侯，子孫世襲伯，祿千二百石。三年十一月卒。謚忠襄。

南寧伯
毛勝

榮

左哨。十四年三月，顯武營管操。正德四年九月鎮貴州。嘉靖間再僉南京軍府。十七年九月丁丑卒。謚康順。

文

揚威營。三十年九月卒。

良

爗

炳從弟。隆慶六年正月癸未襲。萬曆十九年正月丙午任中府僉書。二十七年十二月卒。

重器

一元

萬曆四十三年三月丙辰襲。天啓六年三月領南京後府。餘無考。

景泰五年封，世襲，鎮金齒。天順二年八月卒。追封侯，謚莊毅。

天順三年十二月乙卯襲，以罪謫廣西。成化二年復鎮貴州。五年十一月鎮兩廣。六年正月卒。

成化七年二月戊午襲。十四年二月提督操江。弘治元年九月協守南京。六年八月卒。

弘治七年二月丙子襲。十五年三月，三千營管操。十八年九月領南京後府。正德十一年十二月管紅盔將軍上直。嘉靖七年二月坐奮

嘉靖二十一年七月丙寅襲。二十八年十二月丁酉坐立威營。三十四年二月戊寅卒。

邦器

嘉靖三十四年九月癸巳襲。四

鉅鹿侯
井源
駙馬都尉，

武營管操。十九年十一月戊戌卒。

十年卒。
國器
嘉靖四十一年六月癸丑襲。四十五年二月領南京前府。

祖德
一作得祖。萬曆二十三年九月乙酉襲。三十五年管紅盔將軍上直。

孟龍
一作夢龍。天啓中襲。崇禎九年卒。
茂龍
崇禎十年二月甲午襲。

沒於土木。景帝卽位，追封。	任丘伯 梁成 左都督，沒於土木。追封。	山陽伯 武興 景泰間追封。

溧陽伯 紀廣 景泰四年正月卒。追封，謚僖順。	順寧 景泰四年七月襲。								
沭陽伯 金濂 景泰間以文臣追封。									

右景泰朝

忠國公 石亨 景帝即位，									

八月辛未封武清伯。十月壬戌進封侯。天順元年正月壬午進封公，祿千五百石。四年正月，有罪下獄死，除。	太平侯 張軏
	瑾

輔弟。天順元年正月壬午封。祿二千石，世襲。二年三月卒。追封裕國公，謚勇襄。	天順二年七月戊子襲。成化元年六月庚子革。								
文安伯 張輗 軏兄，與軏同日封，祿千二百石，	斌 天順六年六月庚寅襲。七年八								

世襲。六年二月卒。追封侯，謚忠僖。

月有罪，除。

興濟伯

楊善

天順元年正月丙戌封奉天翊衛推誠宣力武臣，祿千二百石，世襲。二年

宗

天順二年九月丁酉襲。成化元年予世指揮使。

五月卒。追封侯，謚忠敏。	海寧伯　董興　天順元年正月己丑封，祿千一百石，世襲。成化十二年十一月卒，除。

懷寧侯
孫鏜 天順元年正月己丑封懷寧伯。五年七月進封侯，世襲。成化七年正月丁亥卒。追封涞國公，諡武毅。〔三〕
輔 成化七年五月己丑襲。十六年二月卒。
泰 成化十六年十二月丙寅襲。弘治十四年十月卒。
應爵 弘治十五年十二月庚午襲。十七年閏四月坐神威營。正德三年十二月總神機營。四年七月領前府。十月兼提督
瑛 正德十三年正月癸卯襲。十五年十二月管紅盔將軍上直。嘉靖十八年七月卒。 琩 嘉靖十八年襲。二十
秉元 嘉靖二十三年四月
世忠 嘉靖三十八年三月
承恩 萬曆二十九年三月

團營。十二年六月卒。
三年卒。
戊寅襲。二十七年十二月乙丑坐劾勇營。三十七年十月己未卒。
甲午襲。四十四年六月管紅盔將軍。隆慶元年三月協守南京，領後府。四年十月守備南京，領中府。萬曆元年二月鎮湖廣。二十年十一
癸亥襲。 承蔭 萬曆中提督操江。崇禎元年十一月戊午革操江任。
繼濬 崇禎四年七月戊寅襲。 維藩 崇禎中襲。

	豐潤伯 曹義 天順元年二月甲辰封，祿千三百石，世襲。四年正月卒。追封侯，諡莊武。
	振 天順四年七月襲。成化十六年五月坐神機營。弘治元年四月提督操江。二年五月卒。
	愷 弘治三年二月庚子襲。鎮貴州。正德十五年十一月提督操江。嘉靖五年六月甲戌卒。
	棟 嘉靖五年十月丁卯襲。七年正月庚寅卒。 松 棟庶兄。嘉靖七年襲，歷典軍府，守備南京。
	文炳 嘉靖四十年十一月戊戌襲。四十三年十
月戊子卒。予祭葬。	允成 萬曆二十三年六月庚午襲。四十三年卒。
	匡治 崇禎元年二月戊戌襲。二年九月甲辰加

	東寧伯 焦禮 與曹義同日封，祿千二百石，世襲。七年正月卒。追封侯，謚襄毅。
	亮
	壽 天順七年正月襲，十二月坐三千營。成化元年八月鎮陝西。八
月領南京左府。隆慶五年十月丙午領左府。	
太子太師。十一年四月辛丑，左府僉書。	

年十一月卒。 俊成化九年十月丁丑襲。弘治三年四月坐三千營。八年三月領南京前府，提督操江。十一年二月鎮貴州。
淇一作洪。弘治十四年十一月戊戌襲，祿八百石。正德五年二月鎮兩廣。六年十月甲辰卒。 洵
楝
文耀

十三年九月卒。

正德八年襲。十四年七月乙卯卒。

洵從子。正德十六年二月丁亥襲。嘉靖五年十一月坐立威營。十年三月總五軍營。十四年六月領中府。十八年二月掛右副將軍印扈

嘉靖四十二年四月乙卯襲。

夢熊

襲年無考。萬曆三十二年六月己酉，後府僉書。天啓元年六月甲申領南京後府。崇禎三年九

	懷柔伯 施聚 與曹義同日封，祿千一百石，世襲。六年九月卒。追封侯，謚威靖。
	榮 天順七年六月癸亥襲。成化元年正月卒。
	鑑 成化元年六月丁酉襲。四年八月有罪奪爵，謫貴州，立功。十三年四月復。
	瓚 一作璜。弘治八年十二月乙亥襲，領南京左府。九年十二月，神機營左哨
駕。三十六年正月甲戌卒。贈太子太保。	
月甲辰加太師。	

弘治三年八月坐練武營。四年二月，南京協同守備。八年正月卒。

坐營管操。嘉靖八年十二月癸酉卒。

瑾　嘉靖中襲。

燾　嘉靖十五年五月丙子襲。三十四年六月己巳卒。

嵩　嘉靖三十五年十二月壬寅襲。隆慶三年三月壬申卒。

光祖　隆慶四年十月庚子襲。

壯猷　萬曆三十四年四月壬子襲。崇禎四年二月庚午領南京左府。七年卒。

兆麟　崇禎十年正月襲。

武功伯	武平侯
徐有貞 天順元年三月癸酉，以文臣封，祿千一百石，世指揮使。尋以罪謫，除。	陳友 天順元年七月戊子
	襲伯 能 天順四年六月戊辰
	綱 成化二十年三月癸
	勳 弘治九年四月壬寅

封伯，祿千一百石，世襲。三年四月己巳進封侯，子孫仍世伯，加祿百石。四年三月卒。弘治三年六月追封沔國公，謚武僖。	襲。成化八年六月停祿，尋復。十九年七月卒。	丑襲，祿千石，管紅盔將軍上直。弘治四年兼坐揚威營。八年三月卒。	襲。正德元年五月領右府。二年二月，三千營管操。四年十月卒。熹 正德五年襲。	大策 嘉靖十三年閏二月丙寅襲。萬曆五年閏八月卒。	永壽 萬曆五年十二月乙未襲。按實錄，時有武平伯陳如松者，萬	世恩 襲年無考。天啓五年十二月管紅盔將軍。崇禎三年九月甲辰			

	定遠侯 石彪 與陳友同日封伯，祿千一百石，世襲。三年閏月己巳進封侯，加
曆十九年正月庚戌管理紅盔將軍。世次、襲年無考。	
加太子太傅。	

祿百石。四年二月以罪誅，除。	高陽伯 李文 與陳友同日封，祿千石，失事褫爵。弘治二年十二月卒。追贈伯爵。子襲指揮使。

武强伯	楊能 洪從子。與陳友同日封，祿千石。四年十一月卒。無子，除。						
宣城伯	衛穎 天順元年十一月甲子封，〔三〕祿	璋 弘治十一年五月乙丑襲。	錞 正德十三年正月癸卯襲。十六	守正 嘉靖三十六年五月丙子襲。三	國本 隆慶二年八月甲辰襲。五年正	應爵 萬曆二十八年九月辛丑襲。三	時泰〔四〕 萬曆三十九年二月己卯襲。崇

一千一百石，予世襲。成化元年四月掌右府。八年八月管後府。弘治十一年卒。追封侯，諡壯勇。	彰武伯 楊信 洪從子。天
	瑾 成化十四
年二月坐果勇營。嘉靖十四年五月提督神機營。十八年二月爲留守。三十六年正月卒。贈太傅。	質 弘治十年
十七年十月僉書後府。隆慶二年五月丁丑卒。	儒 嘉靖十八
月庚辰掌府軍前衛。萬曆中，僉軍府。	炳 嘉靖四十
十五年卒。	世階 襲年無考。
禎三年九月甲辰加太保。十七年三月闔門死難。	崇猷 泰昌元年

順二年封，祿千石。八年七月予世襲。成化十三年十二月卒。追封侯，諡武毅。
年四月丁巳襲。弘治二年四月卒。
三月戊申襲，給祿千石。嘉靖十一年三月，右府僉書。十七年七月戊戌卒。
年正月丁酉襲。四十一年五月卒。
一年十二月丙子襲。隆慶四年八月領左府。十一月協守南京。五年十一月總京營。萬曆十一年九月乙未加太子太傅。十四年三月卒。
萬曆三十八年六月領左府。四十九年卒。
十二月辛酉襲。

右天順朝		
	武靖侯 襲伯	
	趙輔	成化二年十一月庚辰封伯。祿千二百石。四年正月進封侯，予世伯。二十二年六月卒，追封容
	承慶	成化末襲。弘治元年三月領神機營五千下管操。九月掌府軍前衞。八年三月協守南京僉右
	弘澤	正德三年七月庚辰襲。四年十月坐五軍營。六年四月掌前府。十五年十二月管紅盔將軍上
	世爵	嘉靖八年襲。十年十二月壬寅坐五軍營。二十年四月，右府僉書。二十二年七月甲寅卒。
贈太保。		
	國斌	嘉靖二十三年四月戊寅襲。
	光遠	萬曆二年六月戊申襲。四年二月，左府僉書。十四年正月鎮湖廣。
	祖蔭	萬曆二十四年五月庚辰襲。三十七年二月壬申協守南京後府。四十年卒。
	祖芳	
	邦鎮	

國公，謚恭肅。	伏羌伯 毛忠 成化三年四月庚子封，祿千石。四年十一月討滿四戰沒。追封侯，予世伯。
府。正德二年七月癸亥卒。	
直。	銳 成化五年四月丁丑襲。弘治元年正月鎮湖廣。二年十月移鎮兩廣。十七年六月加
	江 嘉靖三年九月甲子襲。四年十一月坐神機營五千下。十二年四月鎮湖廣。十三年
萬曆四十二年十月己丑襲。	
世系、襲年無考。	

太子太傅。

正德四年十月提督漕運。世宗即位，命鎮湖廣，卒。贈太傅，諡威襄。

卒。

漢　嘉靖十三年五月癸未襲，屢典南京軍府，提督操江、漕運。

桓　漢從子。嘉靖三十三年九月壬寅襲。三十四年十一月，南京後府僉書。三十七年八月癸酉卒。

登　嘉靖三十九年八月壬戌襲。四十五年五月僉書左府。隆慶五年十月丙午領中府。萬曆二十年二月丙午卒。

承祚　崇禎四年正月壬寅襲。十二年四月丙申領右府。自登至承祚，世系無考。

順義伯	靖安伯
羅秉忠 成化四年八月己酉封。十六年十二月卒。謚榮壯，停襲。	和勇 成化五年六月癸亥封。十年二

月卒。諡武敏。子襲指揮使。	寧晉伯 劉聚 成化七年三月甲申封，祿千石。九年六月予世襲。十年四月卒。追封侯，諡威勇。
	祿 成化十年閏六月襲。 福 成化十一年六月乙酉襲，祿八百石。弘治十三年八
	岳 弘治十五年三月癸巳襲。正德十六年五月坐耀武

月佐後府。明年十月卒。

營。

文 嘉靖六年襲。

斌 嘉靖三十五年二月庚子襲。隆慶四年十月辛丑卒。

良璽 嘉靖二十三年四月戊寅襲。無子。叔斌襲。

應芳 萬曆三年正月乙丑襲。

天錫 萬曆三十年七月乙酉襲。

光溥 崇禎十一年六月乙卯襲。十三年二月辛未，後府僉書管事。十

	興寧伯 李震 成化十二年九月庚申封，祿千石。十四年有罪削爵。二十年九月復。二十二年八月卒，停襲。
四年五月領右府。	

威寧伯	昌寧伯
王越 成化十六年以文臣封，世襲。十七年二月加太子太傅，卒。贈太傅，謚襄敏，停襲。	趙勝 成化十九

年十月丙戌封。二十三年七月卒。追封侯，謚壯敏。予其後指揮使。	固原伯 劉玉 成化七年十一月卒。以右都督追封，謚毅

敏。

宣良伯
冉保
成化中，左都督，追封。

右成化朝

廣昌伯
劉寧
弘治中，左都督，追封。

涇陽伯
神英
正德五年

四月庚子封。以附劉瑾除。	咸寧侯	仇鉞　正德五年九月丙辰封伯，世襲。七年十月進封侯。十六年五月卒。
		鸞　嘉靖元年襲。三年十月，顯武營管操。七年三月坐奮武營管操。十六年九月鎮寧夏。

十八年二月掛左副將軍印扈駕。二十三年正月鎮甘肅。二十六年十二月有罪逮捕下獄。二十七年三月出獄。三十一年八月壬戌卒。

		追戮屍，除。							
洛南伯 馮禎 正德中，副總兵，追封。									
邢臺伯 馮斌 正德中，右都督，追封。									
新建伯 王守仁 世宗即位，十一月丁	正億 隆慶初襲。萬曆五年	承勳 萬曆五年襲。二十年	先通 承勳從子。崇禎十二						

已以文臣卒。封，祿千石，世襲。隆慶元年四月甲寅追封侯，謚文成。	忠誠伯 陸炳 嘉靖中，左都督，追封。	寧遠伯 李成梁
		如松
督漕運。三十年十二月以督漕久勞，加太子太保。天啓五年正月卒於家。		
年十月辛丑襲。十七年三月死於賊。		尊祖

萬曆七年五月丙辰封，祿八百石。二十九年三月鎮遼東。三十四年六月庚子卒。	萬曆二十六年四月死事遼東，追贈加少保，謚忠烈。		崇禎十年閏四月甲子襲。						
寧南伯 左良玉 崇禎十七年三月癸巳封。									

定西伯唐通與良玉同日封。降於賊。									
靖南伯黃得功與良玉同日封。									

右自弘治至崇禎朝

校勘記

〔一〕謚武莊　武莊，本書卷一七三朱謙傳、孝宗實錄卷一〇九弘治九年二月戊午條都作「武毅」。

〔二〕諡武毅　武毅，本書卷一七三孫鏜傳、憲宗實錄卷八七成化七年正月戊子條都作「武敏」。

〔三〕衞穎天順元年十一月甲子封　衞穎，原作「衞潁」，十一月，原作「十月」，據本書卷一七五衞穎傳、英宗實錄卷二八四改。

〔四〕時泰　本書卷一七五衞青傳、又卷二六六末列敍諸人中都作「時春」。

明史卷一百八

表第九

外戚恩澤侯表

古恩澤封有三，曰外戚，曰中官，曰嬖倖。明興，追崇外氏，廟貌之隆，爵超五等，而苗裔無攷，未及授官。高后外家不奉朝請，家法之嚴有自來矣。自文皇后而外，率由儒族單門，入儷宸極。后父初秩不過指揮，侯伯保傅以漸而進。優者厚田宅，列僮奴。雖擁侈富之資，曾無憑藉之勢，制防之微意寓焉。肅宗申明功令，〔一〕裁抑世封，戚畹周親不得與汗馬餘勳爲齒。雖稱胏腑，事劣封君。上視漢、唐，殆相懸絕。茲考實錄所載封襲歲月，備列爲表，以別於元功之次。他若宦官子弟濫列金貂，方士義兒均從班爵，駢文成之丕誕，踵養子之傾輈，亂政亟行，若循一軌，各依年次，備著於篇，亦班固表外戚，譜張釋、欒大之例也。

始封	子	孫	曾孫	五世	六世	七世	八世	九世	十世
恩親侯 李貞 尙太祖姊孝親公主。洪武元年二月庚午封。後以子文忠功，進封曹國公。									
揚王 陳公 逸其名，太									

祖母淳皇后父。洪武二年追贈。	徐王 馬公 逸其名，高皇后父。洪武二年追贈。	惠義侯 劉繼祖 太祖同里人。以與淳

皇帝葬地，洪武十一年九月丙申追封。	彭城伯 張麒 昭皇后父，永樂九年七月辛酉追封伯。仁宗即位，十一月壬申追贈侯。
	昶 仁宗即位封，世襲。正統三年六月卒。
	輔
	瑾 正統三年十月乙卯襲。成化十六年四月卒。
	信 成化十七年十二月丁卯襲。
	欽 正德三年十月甲戌襲。嘉靖十七年二月壬子卒。
	勳 嘉靖十七年八月丙辰襲。 熊 嘉靖三十年六月壬戌襲，右府
	守忠 萬曆中襲，三十八年，後府僉書。
	嘉猷 萬曆四十年十二月辛亥襲。
	光祖 崇禎元年七月庚申襲。十二年

	保昌伯　蔣廷珪　仁宗乳母夫。仁宗即位，十一月追封。	會昌伯　孫忠　恭皇后父。宣德四年
		會昌侯　繼宗　天順元年正月辛卯
		銘　成化十六年襲。弘治
		杲　正德十六年二月襲。
僉書。		
四月，左府僉書。城陷，死於賊。		

三月辛亥封，世襲。景泰三年九月卒。贈侯，謚康靖。天順元年贈安國公，改謚恭憲。	惠安伯 張昇 麒子，杲弟。
進世侯，加太傅，掌後府。成化十五年十一月卒。贈鄭國公，謚榮襄。	
	琮 正統六年七月
十四年三月，五軍營管操。正德元年二月，奮武營管操。四年總神機營，屢掌軍府。十五年三月卒。	
嘉靖二年九月坐耀武營管操。十二年九月充五軍營右哨坐營。十六年十月卒。謚榮僖。以革外戚封除。	

正統五年封，世襲。六年正月卒。
壬子襲。成化三年八月卒。無子。 瑛　襲，未幾卒。無子。 瓚　瑛庶兄。成化十六年三月庚寅襲。弘治六年十月卒。
偉　弘治七年三月己亥襲。十二年鎮陝西，召還。十三年八月領左府。正德三
鑭　嘉靖十七年四月丙午襲，屢典營務。二十九年正月丁丑卒。
元善　鑭從子。嘉靖三十四年二月辛巳襲。萬曆三十七年六月己未卒。
慶臻　萬曆三十七年十一月癸巳襲。崇禎元年七月己巳總京營。十月己亥革

年十二月提督團營，幷三千營管操。嘉靖十四年六月卒。贈太傅，謚康靖。

京營總督，聽議。十七年城陷，闔家自焚死。

安平伯

吳安

景帝母吳太后兄。景泰中封。天順元年二

月除。									
昭武伯									
曹欽　內臣曹吉祥嗣子。天順元年十二月以吉祥奪門功封。五年七月謀反，伏誅。									
慶雲侯									
周能	壽　成	瑛							
憲宗母孝	化三年十	正德四年							

安昌伯 錢承宗	肅太后父。成化四年四月甲午追封。十七年十二月加贈寧國公，諡榮靖。
維圻	一月乙亥封慶雲伯。四年子世襲。十七年十二月進封侯。弘治元年加祿百石。正德四年二月卒。贈宣國公，諡恭和。
	六月己卯襲，後以例除。

睿皇后弟鍾孫。成化十五年正月庚辰封。弘治二年四月予世襲。嘉靖四年閏十二月卒。	瑞安侯 王源 純皇后弟。成化二十
嘉靖五年八月乙卯襲，後以例除。	橋 嘉靖三年十一月丁

年十一月封伯，世襲。弘治元年加祿百石。六年追封源父鎮皐源國公，進源爵侯。嘉靖三年七月丁卯卒。贈太師，諡榮靖。	丑襲伯，後以例除。							
長寧伯								

	周彧　能子，壽弟。成化二十一年封，世襲。弘治元年加祿百石。正德三年十二月卒。	瑭　正德四年二月襲。十四年三月卒。	大經　正德十四年七月襲。嘉靖三十八年六月甲子卒。以例除。
壽寧侯	張巒　敬皇后父，弘治四年	鶴齡　弘治五年十一月襲。	

二月己未封伯，五年三月進侯，八月卒。贈昌國公，謚莊肅。	建昌侯 張延齡 巒子，鶴齡弟。弘治八年四月乙
嘉靖元年三月加太師。二年八月庚子進昌國公。十二年十月丙子以罪除。	

丑封伯。十六年九月進侯。嘉靖元年三月加太傅。十二年十月丙子下獄論死，爵除。	崇善伯　王清　源弟。弘治十年封。十一年三月

予世襲。嘉靖十三年卒。以例除。									
安仁伯 王濬 清弟。正德二年封。十月丁卯卒。贈侯。	桓 正德三年襲。嘉靖中以例除。								
慶陽伯 夏儒 毅皇后父。正德二年	世臣 一名臣。正德十六年								

封，世襲。追贈三代。十年四月丁未卒。	永定伯 朱泰 本姓許。正德中，以義子賜姓封。十六年除。〔三〕
襲。嘉靖二年八月加太子太保。八年以例除。	

泰安伯 張富 內臣張永弟。正德五年九月己未封。十六年除。									
安定伯 張容 富弟。封除同前。									
永壽伯 朱德									

賜姓。正德五年九月癸酉封。十六年除。	平涼伯　馬山　內臣馬永成兄。與朱德同日封。十六年除。	鎮安伯　魏英　內臣魏彬

弟。封除同前。	高平伯 谷大寬 內臣谷大用兄。封除同前。	永清伯 谷大亮 大寬弟。正德八年二月丙午封，十六年除。

平虜伯 朱彬 本姓江，賜姓。正德十三年九月甲寅封。十六年三月下獄，伏誅。	鎮平伯 陸永 內臣陸誾弟。封除同前。

安邊伯 朱泰 彬弟，〔三〕與彬同日封。十六年除。	京山侯 崔元 尚永康公主。嘉靖元年五月己酉封，世襲。二十八年六月卒。停

襲。			
昌化伯	邵喜　世宗祖母孝惠太后弟。嘉靖元年五月己酉封。二年卒。	蕙　嘉靖二年八月甲辰襲。六年十二月卒。無子。	杰　蕙從弟茂子。嘉靖七年二月甲寅襲。尋以不應襲，除。
玉田伯	蔣輪　世宗母獻皇后弟。嘉	榮　輪從子，襲。隆慶五年	

靖元年五月己酉封，世襲。五年正月癸丑卒。	三月甲子卒。以例停。								
泰和伯 陳萬言 肅皇后父。嘉靖二年八月庚子封。十四年卒。贈太子太保。停襲。									

安平侯	方銳 世宗孝烈皇后父。嘉靖間封伯。二十一年進封侯。二十五年五月己丑卒。贈太保，諡榮靖。	承裕 嘉靖二十六年襲伯。隆慶六年正月丙寅卒，停襲。
恭誠伯	陶仲文	

以方術幸。		
嘉靖二十九年八月丙寅封。	慶都伯 杜繼宗 穆宗母孝恪太后弟。 隆慶元年二月庚寅封。	德平伯 李銘

穆宗孝懿皇后父。隆慶元年二月庚寅封。	固安伯 陳景行 穆宗孝安皇后父，隆慶元年二月庚寅封。	武清侯 李偉 神宗母慈
		文全 萬曆十二
		銘誠 萬曆三十
		國瑞 崇禎中襲，
		存善 崇禎末襲。

聖太后父。神宗即位，封武清伯，尋進侯。萬曆十一年卒。贈安國公。	永年伯 王偉 端皇后父。萬曆五年
年五月丁丑襲。三十六年卒。	棟 萬曆中襲。三十四年
七年襲伯。四十五年二月辛亥進侯。天啓七年八月戊戌加太子太師。崇禎十一年正月卒。	
尋以借餉悖死。	明輔 萬曆三十五年正月

封。	七月丁亥卒。		辛未襲。						
永寧伯王天瑞光宗母孝靖太后父。光宗卽位封。崇禎十四年卒。	長錫崇禎十四年襲。								
博平侯郭維城光宗孝元皇后父。泰	振明天啓元年閏二月丙								

昌元年九月癸丑封伯。天啟元年閏二月進封侯。	新城侯 王昇 熹宗母孝和太后弟。天啟元年閏二月封伯，尋進侯。崇禎八年
戊封博平伯。	國興 崇禎九年十二月戊寅襲。死於賊。

卒。									
太康侯 張國紀 熹宗后父。 天啓元年封伯。崇禎十一年十一月進封侯。死於賊。									
寧國公 魏良卿 內臣魏忠賢姪。天啓									

六年三月，封肅寧伯，進侯。十月戊申進封公。七年八月丙申加太師。莊烈帝卽位，伏誅。	安平伯 魏鵬翼 忠賢從孫。天啓七年

七月己卯封。八月丙申加少師。莊烈帝卽位，伏誅。	東安侯 魏良棟 良卿弟。天啓七年八月乙巳封。莊烈帝卽位，伏誅。

新樂侯 劉效祖 莊烈帝母孝純太后弟。莊烈帝即位封。崇禎八年卒。九年，贈侯，予三代誥。十三年九月，父應元追封瀛國公。	文炳 崇禎九年十二月甲子襲。十三年九月加少傅。十七年三月死難。								

嘉定伯									
周奎									
莊烈后父。									
崇禎三年封。十七年，京城陷，被執。									

校勘記

〔一〕肅宗申明功令　肅宗，當作「肅皇」。本書卷十七世宗紀，世宗謚「欽天履道英毅神聖宣文廣武洪仁大孝肅皇帝」。

〔二〕永定伯朱泰本姓許正德中以義子賜姓封十六年除　永定伯朱泰與下文安邊伯朱泰當是一人，重出。此二朱泰，都姓許，名泰，武宗義子，賜姓朱，正德中封，十六年除。只是封號不同，一稱安邊伯，一稱永定伯。皇明功臣封爵考目錄卷七有永定伯許太，正文却作安邊伯許太，可證是一人。

〔三〕安邊伯朱泰彬弟　彬弟，疑有衍訛。按彬指朱彬，姓江，朱泰姓許。世宗實錄卷七稱安邊伯許泰，江都人。本書卷三〇七江彬傳稱江彬，宣府人。

明史卷一百九

表第十

宰輔年表一

明太祖初壹海內，仍元制，設中書省，綜理機務。其官有丞相、平章、左右丞、參政，而吏、戶、禮、兵、刑、工六尙書爲曹官。行之一紀，革中書省，歸其政於六部，遂設四輔官。又倣宋制，置殿閣大學士，而其官不備，其人亦無所表見。爕理無聞，何關政本，視前代宰執，迥乎異矣。成祖簡翰林官直文淵閣，參預機務，有歷升至大學士者。其時章疏直達御前，多出宸斷。儒臣入直，備顧問而已。至仁宗而後，諸大學士歷晉尙書、保、傅，品位尊崇，地居近密，而綸言批答，裁決機宜，悉由票擬，閣權之重偃然漢、唐宰輔，特不居丞相名耳。諸輔之中，尤以首揆爲重。夫治道得失，人才用舍，理亂興衰，繫宰臣是繫。其賢邪忠佞，清正貪鄙，判若白黑，百世不可掩也。行蹟雖見紀傳，而除免歲月，不能盡悉，故備列於表。傳曰：「欲知宰相賢否，視天下治亂。」覽斯表者，可以證矣。

紀年	宰輔拜免
太祖洪武元年戊申	中書令　時中書及都督府議倣元制，設中書令，太子爲之。太祖曰：「吾子年未長，學未充，更事未多，所宜尊禮師傅，講習經傳，博通古今，識達機宜。他日軍國重務，皆令啓聞，何必作中書令乎？」遂不設。
	左、右丞相 李善長　正月，左丞相，宣國公兼太子少師。 徐達　正月，右丞相，信國公兼太子少傅，北征中原。
	平章政事 常遇春　鄂國公兼太子少保，錄軍國重事，出征。已後凡加省銜而出征者，不具錄。 胡廷瑞　正月，同知詹事院事。 廖永忠　正月，同知詹事院事。 李伯昇　正月，同知詹事院事。
	左、右丞 趙庸　左丞。正月兼副詹事。 王溥　右丞。正月兼副詹事。
	參知政事 楊憲　五月署汴梁省事。 傅瓛　八月免。 汪廣洋　十二月任。 劉惟敬　十二月任。

二年己酉	善長 達　十一月還京。		楊憲　右丞，九月任。	廣洋　四月遷陝西參政。 惟敬　三月遷廣西參政。 蔡哲　正月任。五月遷福建參政。 陳亮　十月任。 睢稼　十月任。 侯至善　十一月任。
三年庚戌	善長　十一月改封韓國公，晉太師。 達　正月北征。十一月還京。改封魏國公，晉太傅。		憲　正月賜名華。七月遷左丞。尋伏誅。 汪廣洋　左丞。　月任。六月免。未幾，復除左丞。十一月封忠勤伯。	亮　正月賜名寧。三月出知蘇州府。 稼　四月兼弘文館學士。 至善 胡惟庸　正月任。 李謙　九月任。十二月遷廣東參政。
四年辛	善長　正月致仕。		胡惟庸　右丞，正月任。	至善

亥	達 正月出征北平。十二月還京。 汪廣洋 右丞相，正月任。			宋冕 閏三月任。六月遷江西按察司副使。
五年壬子	廣洋		惟庸	至善 月罷。
六年癸丑	廣洋 正月左遷廣東參政。 胡惟庸 右丞相，七月任。			丁玉 六月任。 馮冕 六月任。
七年甲寅	惟庸		丁玉 右丞，四月任。	冕 侯善 五月任。
八年乙卯	惟庸		玉	冕 善
九年丙辰	惟庸		玉 正月出征延安。七月還京。	
十年丁	惟庸 九月遷左丞相。		玉 九月改御史大夫。	

巳	廣洋　右丞相，九月復。			
十一年戊午	惟庸 廣洋			
十二年己未	惟庸 廣洋　十二月謫海南，賜死。		殷哲　左丞，十一月任。 李素　右丞，十一月任。	方鼒　左參政，九月任。 殷哲　右參政，九月任。十一月降通政，尋升左丞。
十三年庚申	惟庸　正月賜死。		哲　正月罷。 素　正月罷。	
	是年正月革中書省左、右丞相，左、右丞，參政等官。			
建文四年壬午秋七月，燕王即皇帝位，	黃淮　編修，八月入。十一月晉侍讀。 胡廣　侍講，九月入。十一月晉侍讀。 楊榮　修撰，九月入。十一月晉侍講。 解縉　侍讀，八月入。十一月晉侍讀學士。 楊士奇　編修，九月入。十一月晉侍講。			

仍稱洪武三十五年，始簡翰林官直文淵閣。	金幼孜 檢討，九月入。十一月晉侍講。 胡儼 檢討，九月入。十一月晉侍講。
永樂元年癸未	縉 淮 廣 榮 士奇 儼 幼孜

二年甲申	縉　四月晉學士兼右春坊大學士。 淮　四月晉左庶子。 廣　四月晉右庶子。 儼　四月晉左諭德。九月改祭酒。 榮　四月晉右諭德。 士奇　四月晉左中允。 幼孜
三年乙酉	縉 淮 廣 榮 士奇 幼孜

四年丙戌	縉 淮 廣 榮 士奇 幼孜
五年丁亥	縉　二月黜爲廣西布政司右參議。 淮　十一月晉右春坊大學士。 廣　十一月晉翰林學士兼左春坊大學士。 榮　十一月晉右春坊右庶子。 士奇　十一月晉左春坊左諭德。 幼孜　十一月晉右春坊右諭德。榮、士奇、幼孜仍兼侍講。
六年戊	廣

子	淮 榮 六月丁憂。十月起復。 士奇 幼孜
七年己丑	廣 正月命扈從。 淮 二月命輔東宮監國。 榮 正月起復，扈從。 士奇 二月命輔東宮監國。 幼孜 正月扈從。
八年庚寅	廣 淮 榮 士奇

					幼孜
九年辛卯	廣	淮	榮	士奇	幼孜
十年壬辰	廣	淮	榮 十一月經略甘肅。	士奇	幼孜
十一年癸巳	廣	淮			

	榮 士奇 幼孜
十二年 甲午	廣 淮 閏九月下獄。 榮 士奇 閏九月下獄。未幾，特宥復職。 幼孜
十三年 乙未	廣 榮 士奇 幼孜
十四年	廣 四月晉文淵閣大學士，仍兼坊學。

丙申	榮 四月晉翰林院學士，仍兼庶子。 幼孜 四月晉翰林院學士仍兼諭德。 士奇
十五年 丁酉	廣 榮 幼孜 士奇 二月晉翰林院學士，仍兼諭德。
十六年 戊戌	廣 五月卒。 榮 幼孜 士奇
十七年 己亥	榮 幼孜

	士奇
十八年庚子	榮　閏正月晉文淵閣大學士兼翰林院學士。 幼孜　閏正月晉文淵閣大學士兼翰林院學士。 士奇
十九年辛丑	榮 幼孜 士奇　正月晉左春坊大學士。
二十年壬寅	榮 幼孜 士奇　九月下獄。尋釋，復舊職。
二十一年癸卯	榮 幼孜 士奇

二十二年甲辰八月，仁宗即位。	士奇	八月晉禮部左侍郎兼華蓋殿大學士。九月晉少保。十一月晉少傅。
	榮	八月晉太常卿，仍兼前職。九月晉太子少傅謹身殿大學士。十二月加工部尚書。
	幼孜	八月晉戶部右侍郎，仍兼前職。九月晉太子少保兼武英殿大學士。
	淮	八月出獄。陞通政使兼武英殿大學士。
洪熙元年乙巳六月，宣宗即位。	士奇	正月晉兵部尚書。
	榮	
	幼孜	正月晉禮部尚書。
	淮	正月晉少保戶部尚書。
	楊溥	太常卿兼學士。閏七月同治內閣事。
	權謹	三月以孝行由光祿丞授文華殿大學士。九月以通政司左參議致仕。
宣德元年丙午	士奇	
	榮	
	淮	

	幼孜　正月丁憂。尋起復。 溥 張瑛　三月晉禮部左侍郎兼華蓋殿大學士。
二年丁未	士奇 淮　八月致仕。 榮 幼孜 溥 瑛　二月晉尚書兼華蓋殿大學士。 陳山　二月晉戶部尚書兼謹身殿大學士。
三年戊申	士奇　八月扈從北巡。 榮　八月扈從北巡。 幼孜

	山
	瑛
	溥 八月扈從北巡。
四年己酉	士奇
	榮
	幼孜
	山 十月專授小內使書。
	瑛 十月改南京禮部尚書。
	溥 八月丁憂。尋起復。
五年庚戌	士奇
	榮 四月晉少傅。
	幼孜
	溥

六年辛亥	士奇　榮　幼孜十二月卒。　溥
七年壬子	士奇　榮　溥
八年癸丑	士奇　榮　溥
九年甲寅	士奇　榮　溥八月晉禮部尚書，仍兼學士。

十年乙卯正月，英宗即位。	士奇 榮 溥
正統元年丙辰	士奇 榮 溥
二年丁巳	士奇 榮 溥
三年戊午	士奇 四月晉少師。 榮 四月晉少師。 溥 四月晉少保兼禮部尚書武英殿大學士。

四年己未	士奇二月歸省。四月還朝。 榮 溥
五年庚申	士奇 榮二月歸省。七月還朝，卒於道。 溥 馬愉翰林院侍講學士，二月入。 曹鼐侍講，二月入。
六年辛酉	士奇 溥二月歸省。 愉 鼐
七年壬	士奇

戊	溥 愉 鼐
八年癸亥	士奇 溥 愉 鼐
九年甲子	士奇 三月卒。 溥 愉 鼐 正月晉學士。 陳循 學士，四月入直。
十年乙	溥

丑	愉 十月晉禮部右侍郎。 鼐 十月晉吏部左侍郎。 循 十月晉戶部右侍郎。 苗衷 侍讀學士，十月晉兵部右侍郎入。 高穀 侍講學士，十月晉工部右侍郎入。
十一年 丙寅	溥 七月卒。 鼐 循 愉 三月歸省。 衷 穀
十二年 丁卯	鼐 循

	愉 九月卒。 衷 穀
十三年戊辰	鼐 循 衷 穀
十四年己巳九月景皇帝卽位。	鼐 八月歿於土木。 循 八月晉戶部尚書兼學士。 衷 穀 八月晉工部尚書兼學士。 張益 侍讀學士，五月入。八月歿於土木。 彭時 修撰，八月入。

	商輅	修撰，八月入。
景泰元年庚午	循	
	衷	二月晉兵部尙書兼學士。八月致仕。
	穀	
	時	閏正月守制回籍。
	輅	九月晉學士。
	兪綱	生員。三月晉兵部右侍郎，內閣辦事。疏辭，出佐兵部。
	江淵	刑部侍郎兼學士，八月入。九月晉戶部右侍郎。
二年辛未	循	十二月晉少保戶部尙書兼文淵閣大學士。
	穀	十二月晉少保工部尙書兼東閣大學士。
	淵	
	輅	
	王一寧	禮部侍郎兼學士。十二月入。

	蕭鎡　祭酒兼學士，十二月入。
三年壬申	循　四月兼太子太傅。
	穀　四月兼太子太傅。
	淵　二月晉吏部左侍郎。四月兼太子少師。九月奔喪。
	一寧　四月晉太子少師。七月卒。
	鎡　二月晉戶部右侍郎。四月晉太子少師。
	輅　四月晉兵部左侍郎兼右春坊大學士。
	王文　十月，太子太保左都御史入。
四年癸酉	循
	穀
	文　正月召至。二月晉吏部尚書兼學士。五月丁憂。九月起復。
	鎡
	淵　四月還任。

	輅	
五年甲戌	循	
	轂	
	文	六月晉少保兼東閣大學士。
	鎡	
	淵	正月撫安山東。七月召還。
	輅	
六年乙亥	循	
	轂	
	文	
	淵	正月晉太子少師兼工部尚書，視部事。
	鎡	
	輅	

七年丙子	循　五月兼華蓋殿大學士。 穀　五月兼謹身殿大學士。 文　五月兼謹身殿大學士。 鎡　五月晉戶部尚書。 輅　五月兼太常寺卿。
八年丁丑正月壬午，英宗復皇帝位，改天順元年。	循　正月充鐵嶺衞軍。 穀　正月辭保傅。二月致仕。 文　正月棄市。 鎡　正月爲民。 輅　正月爲民。 徐有貞　正月，兵部尚書兼學士入。三月封武功伯兼華蓋殿大學士，掌文淵閣事。六月下獄，降廣東右參政。七月復下獄，宥死，發雲南金齒衞爲民。 許彬　正月晉禮部右侍郎兼學士入。七月調南京禮部左侍郎。

	薛瑄　正月晉禮部右侍郎兼學士入。六月致仕。 李賢　二月，禮部侍郎兼學士入。三月晉吏部尚書。六月下獄，降福建右參政。尋留爲吏部右侍郎。七月復任。 呂原　六月，通政司左參議兼翰林院侍講入，十二月晉學士。 岳正　六月，翰林院修撰入。七月調爲廣東欽州同知。 時　九月，太常寺少卿兼翰林院侍讀入。十二月晉學士。
二年戊寅	賢 時 原
三年己卯	賢 時 原
四年庚辰	賢 時

	原
五年辛巳	賢　八月加太子少保。
	時
	原
六年壬午	賢
	時
	原　十一月卒。
七年癸未	賢
	時
	陳文　二月晉禮部右侍郎兼學士入。
八年甲申正月，憲宗即	賢　二月晉少保吏部尚書兼華蓋殿大學士。
	文　二月晉吏部左侍郎兼學士。
	時　二月晉吏部右侍郎兼學士。

位。

成化元年乙酉	賢 文　三月晉禮部尚書。 時　十月晉兵部尚書。
二年丙戌	賢　三月丁憂。五月起復。十二月卒。 文 時　七月歸省。 劉定之　太常寺少卿兼翰林院侍讀學士，十二月入。
三年丁亥	文　八月加太子少保兼文淵閣大學士。〔一〕 時　二月還任。八月加太子太保兼文淵閣大學士。 定之　八月晉工部右侍郎兼學士。 輅　三月，兵部左侍郎兼學士復入。
四年戊	文　四月卒。

子	時 輅 十月晉兵部尚書。 定之 十月晉禮部左侍郎。
五年己丑	時 輅 定之 八月卒。 萬安 五月，禮部左侍郎兼學士入。
六年庚寅	時 輅 安
七年辛卯	時 輅 安

年				
八年壬辰	時	輅	安	
九年癸巳	時	輅 五月晉戶部尚書。	安 五月晉禮部尚書。	
十年甲午	時	輅	安	
十一年乙未	時 正月晉少保。三月卒。	輅 四月兼文淵閣大學士。	安	劉珝 四月，吏部左侍郎兼學士入。

	劉吉	四月，禮部左侍郎兼學士入。
十二年 丙申	輅	二月晉太子少保吏部尚書。
	安	二月晉戶部尚書。
	珝	
	吉	
十三年 丁酉	輅	四月兼謹身殿大學士。六月加少保，致仕。
	安	四月加太子少保。六月晉文淵閣大學士。
	珝	四月晉吏部尚書。
	吉	四月晉禮部尚書。
十四年 戊戌	安	二月晉吏部尚書兼謹身殿大學士。十月加太子太保。
	珝	二月加太子少保兼文淵閣大學士。
	吉	二月加太子少保兼文淵閣大學士。
十五年	安	

年	大學士	
己亥	珝	
	吉	
十六年庚子	安	
	珝	
	吉	
十七年辛丑	安	
	珝	
	吉	
十八年壬寅	安	十二月晉太子太傅兼華蓋殿大學士。
	珝	十二月晉太子太保兼謹身殿大學士。
	吉	正月丁憂。七月起復。十二月晉太子太保兼武英殿大學士。
十九年癸卯	安	
	珝	

	吉
二十年甲辰	安 翊 吉
二十一年乙巳	安 翊 九月致仕。 吉 十二月晉戶部尚書兼謹身殿大學士。 彭華 十二月晉吏部左侍郎兼學士入。
二十二年丙午	安 十月晉少傅兼太子太師。 吉 十月晉少保兼太子太傅。 華 十月晉禮部尚書太子少保。 尹直 九月晉戶部左侍郎兼學士入。十月晉兵部尚書太子少保。
二十三	安 七月晉少師，十月罷。

年丁未九月，孝宗即位。	吉　十一月晉少傅兼太子太師吏部尚書。 華　三月致仕。 直　十一月罷。 徐溥　十月，吏部左侍郎兼學士入，十一月晉禮部尚書兼文淵閣大學士。 劉健　十一月晉禮部右侍郎兼學士入。
弘治元年戊申	吉 溥 健
二年己酉	吉 溥 健
三年庚戌	吉 溥

	健
四年辛亥	吉 八月晉少師華蓋殿大學士。 溥 八月晉太子太傅戶部尚書兼武英殿大學士。 健 八月晉禮部尚書兼文淵閣大學士。 丘濬 十月，太子太保禮部尚書入兼文淵閣大學士。
五年壬子	吉 八月致仕。 溥 濬 健
六年癸丑	溥 濬 健
七年甲	溥 八月加少傅吏部尚書謹身殿大學士。

寅	濬　八月加少保戶部尚書武英殿大學士。 健　八月晉太子太保兼禮部尚書武英殿大學士。
八年乙卯	溥 濬　二月卒。 健 李東陽　二月，禮部左侍郎兼翰林院侍讀學士入。 謝遷　二月，詹事府少詹事兼侍讀學士入十月服闋至京，晉詹事。
九年丙辰	溥 健 東陽 遷
十年丁巳	溥 健

	東陽 遷
十一年戊午	溥 二月加少師兼太子太師華蓋殿大學士。七月致仕。 健 二月加少傅兼太子太傅戶部尚書謹身殿大學士。 東陽 二月晉太子少保禮部尚書兼文淵閣大學士。 遷 二月晉太子少保兵部尚書兼東閣大學士。
十二年己未	健 東陽 遷
十三年庚申	健 東陽 遷
十四年	健

辛酉	東陽 遷
十五年 壬戌	健 東陽 遷
十六年 癸亥	健　二月加少師兼太子太師吏部尚書華蓋殿大學士。五月考滿，加特進。 東陽　二月晉太子太保戶部尚書兼謹身殿大學士。 遷　二月晉太子太保禮部尚書兼武英殿大學士。
十七年 甲子	健 東陽 遷
十八年 乙丑五	健　七月加左柱國。 東陽　七月加少傅兼太子太傅。八月加柱國。

月，武宗即位。	遷 七月加少傅兼太子太傅。八月加柱國。
正德元年丙寅	健 十月致仕。 東陽 十二月晉少師兼太子太師吏部尚書華蓋殿大學士。 遷 十月致仕。 焦芳 十月吏部尚書兼文淵閣大學士入，命仍掌吏部印。十二月加太子太保武英殿大學士。 王鏊 十月，吏部左侍郎兼學士入。十二月加戶部尚書文淵閣大學士。
二年丁卯	東陽 芳 八月晉少傅兼太子太傅謹身殿大學士。 鏊 八月晉少傅兼太子太傅武英殿大學士。 楊廷和 八月，南京戶部尚書入。十月改戶部尚書兼文淵閣大學士。
三年戊辰	東陽 芳

	鏊 廷和　八月晉少保兼太子太保。
四年己巳	東陽 芳　五月晉少師兼太子太師華蓋殿大學士。 鏊　四月致仕。 廷和 劉宇　六月，吏部尚書兼文淵閣大學士，卽予告。踰年致仕。
五年庚午	東陽　九月加左柱國。 芳　五月致仕。 廷和　二月晉吏部尚書武英殿大學士。九月晉少傅兼太子太傅謹身殿大學士。 曹元　二月，太子少保兵部尚書晉吏部尚書兼文淵閣大學士入。八月致仕。尋黜爲民。 梁儲　九月改太子少保吏部尚書兼文淵閣大學士入。尋晉少保太子太保武英殿。 劉忠　九月掌詹事府事吏部尚書兼文淵閣大學士入。尋晉少傅兼太子太傅武英殿。

六年辛未	東陽 廷和 忠 十一月致仕。 儲 費宏 十二月晉禮部尚書兼文淵閣大學士入。
七年壬申	東陽 十二月致仕。 廷和 十月晉少師兼太子太師華蓋殿大學士。 儲 十月晉少保兼太子太傅謹身殿大學士。 宏 十月晉太子太保武英殿大學士。
八年癸酉	廷和 儲 宏
九年甲	廷和

戊	儲 宏五月致仕。 靳貴二月，禮部尙書兼文淵閣大學士入。
十年乙亥	廷和三月丁憂。 儲 貴 楊一清閏四月，吏部尙書兼武英殿大學士入。
十一年丙子	儲 一清八月致仕。 貴 蔣冕八月，禮部尙書兼文淵閣大學士入。
十二年丁丑	儲 貴四月致仕。

	冕七月加太子太傅兼武英殿大學士。 毛紀五月，禮部尚書兼東閣大學士入。七月加太子太保兼文淵閣大學士。 楊廷和少師兼太子太師吏部尚書華蓋殿大學士。十一月服除，入。
十三年 戊寅	廷和 儲 冕 紀
十四年 己卯	廷和 儲 冕 紀
十五年 庚辰	廷和 儲

	十六年辛巳四月，世宗即位。
冕	廷和　加左柱國。
紀	儲　五月致仕，加左柱國。
	冕　正月加少傅謹身殿大學士。
	紀　正月加少保，改戶部尚書兼武英殿大學士。
	袁宗皐　五月陞吏部左侍郎晉禮部尚書兼文淵閣大學士入。九月卒。
	費宏　四月召，十月入，加柱國少保。

校勘記

〔一〕八月加太子少保兼文淵閣大學士　太子少保，原作「太子太保」，據本書卷一六八陳文傳、憲宗實錄卷四五成化三年八月戊午條改。

明史卷一百十

表第十一

宰輔年表二

嘉靖元年壬午	廷和 冕 紀 宏
二年癸未	廷和 冕 紀

宏

三年甲申

延和　二月致仕。

冕　五月致仕。

紀　六月晉吏部尚書謹身殿大學士。七月致仕。

宏

石珤　五月，吏部尚書兼文淵閣大學士入。

賈詠　八月晉禮部尚書兼文淵閣大學士入。

四年乙酉

宏　六月加少師兼太子太師。

珤　六月加太子太保武英殿大學士。

詠　六月加太子太保武英殿大學士。

一清　十一月召。

五年丙戌

一清　五月復吏部尚書武英殿大學士，加少師，仍兼太子太傅入。七月加兼太子太師謹身殿大學士。

宏　七月晉華蓋殿大學士。

	珤　七月加少保。 詠　七月加少保。
六年丁亥	宏　二月致仕。 一清　八月晉左柱國華蓋殿大學士。 珤　八月致仕。 詠　八月致仕。 遷　二月召，少傅兼太子太傅禮部尚書武英殿大學士。十月復入。 翟鑾　三月，吏部左侍郎兼學士入。 張璁　十月，禮部尚書兼文淵閣大學士入。
七年戊子	一清 遷　三月致仕。 璁　正月加少保兼太子太保。六月加少傅兼太子太傅，晉吏部尚書謹身殿大學士。 鑾　六月陞禮部尚書兼文淵閣大學士。

八年己丑	一清 九月致仕。 璁 八月罷。九月召還。 鑾 桂萼 二月，少保兼太子太傅吏部尚書武英殿大學士入。八月革去散官及學士，以尚書致仕。九月復少保兼太子太傅吏部尚書武英殿大學士，仍致仕。十一月召復任。
九年庚寅	璁 萼 四月至京，命照舊辦事。 鑾
十年辛卯	孚敬 璁二月改名，七月致仕。十一月召復任。 萼 正月以病乞歸。八月卒。 鑾 李時 九月，太子太傅禮部尚書兼文淵閣大學士入。
十一年	孚敬 三月至京，晉太子太師華蓋殿大學士。八月致仕。

壬辰	時 鑾 方獻夫 五月，原任太子太保吏部尚書兼學士，應召至京，晉武英殿大學士入。七月掌吏部事。
十二年 癸巳	獻夫 時 鑾 十一月丁憂。 孚敬 正月召復任。四月赴召至京。
十三年 甲午	孚敬 正月晉少師兼太子太保吏部尚書武英殿大學士。 獻夫 正月晉少保。四月致仕。 時 正月晉少保。
十四年 乙未	孚敬 四月致仕。 時 費宏 七月召。八月入，十月卒。

十五年 丙申	時	七月加太子太傅。九月晉少傅兼謹身殿大學士。十一月兼太子太師。閏十二月晉華蓋殿大學士。
	夏言	閏十二月，少傅太子太師禮部尚書兼武英殿大學士入。
十六年 丁酉	時	
	言	
十七年 戊戌	時	十二月卒。
	言	
	顧鼎臣	八月，太子太保禮部尚書兼文淵閣大學士入。
十八年 己亥	言	正月晉特進光祿大夫上柱國少師。五月以少保兼尚書致仕，未行，復少傅兼太子太傅禮部尚書武英殿大學士，復入。
	鼎臣	正月晉少保兼太子太保武英殿大學士。
十九年 庚子	言	十一月加少師兼太子太師吏部尚書華蓋殿大學士。
	鼎臣	十月卒。
	鑾	正月，行邊事竣，還京，詔以原職太子少保禮部尚書兼武英殿大學士。十一月加少保兼太子太傅尚書大

學士如故。

二十年辛丑	言　八月落職致仕。九月詣迎和門辭，詔仍還私宅調理，以俟後命。十月復少傅兼太子太師禮部尚書武英殿大學士，仍赴閣辦事。 鑾
二十一年壬寅	言　三月復少師吏部尚書華蓋殿大學士，勳階兼官悉如舊。七月革職閒住。 鑾　八月加少傅兼謹身殿大學士。 嚴嵩　八月，少保太子太保禮部尚書兼武英殿大學士入，仍掌禮部事。
二十二年癸卯	鑾 嵩
二十三年甲辰	鑾　八月削籍。 嵩　八月加太子太傅。九月晉兼吏部尚書謹身殿大學士。十二月加少傅。 許讚　吏部尚書。九月兼文淵閣大學士入。 張璧　禮部尚書。九月兼東閣大學士入。

二十四年乙巳	嵩 七月加太子太師。八月加少師。 讚 七月加少傅。十一月革職閒住。 璧 七月加太子太保。八月卒。 言 九月復召。十二月復少師兼太子太師吏部尚書華蓋殿大學士原職，起用。
二十五年丙午	言 嵩
二十六年丁未	言 嵩 十一月晉華蓋殿大學士。
二十七年戊申	言 正月削奪保傅，以尚書致仕。十月棄市。 嵩
二十八年己酉	嵩 張治 二月晉禮部尚書兼文淵閣大學士入。 李本 二月，少詹事兼學士入。

二十九年庚戌	嵩	八月加上柱國。
	治	八月加太子太保。十月卒。
	本	八月晉吏部右侍郎兼東閣大學士。
三十年辛亥	嵩	
	本	十一月晉禮部尚書。
三十一年壬子	嵩	
	本	
	徐階	少保兼太子太保禮部尚書。三月兼東閣大學士入，仍掌部事。
三十二年癸丑	嵩	
	階	七月晉柱國。
	本	
三十三年甲寅	嵩	
	階	八月晉太子太傅武英殿大學士。

年	嵩	階	本
			八月晉太子太保文淵閣大學士。
三十四年乙卯			
三十五年丙辰			二月命暫管吏部事。三月晉少保兼武英殿大學士。
三十六年丁巳		八月加少傅。	七月晉柱國。八月加太子太傅。
三十七年戊午			

三十八年己未	嵩 階　五月晉吏部尙書。 本
三十九年庚申	嵩 階　八月晉太子太師。 本　八月晉少傅。
四十年辛酉	嵩 階 本　五月丁憂。 袁煒　十一月加太子太保戶部尙書兼武英殿大學士入。
四十一年壬戌	嵩　五月罷。 階　三月晉少師。 煒　三月晉少保。

四十二年癸亥	階 煒
四十三年甲子	階　八月晉建極殿大學士。 煒　八月晉少傅兼太子太傅建極殿大學士。
四十四年乙丑	階 煒　三月病歸。 嚴訥　四月，吏部尚書兼武英殿大學士入，仍暫掌吏部事。十一月病歸。 李春芳　四月晉禮部尚書兼武英殿大學士入。
四十五年丙寅十二月，穆宗卽位。	階 春芳　三月晉吏部尚書。 郭朴　三月晉吏部尚書兼武英殿大學士入。 高拱　三月晉禮部尚書兼文淵閣大學士入。

隆慶元年丁卯	階 春芳　二月晉少保。四月晉少傅兼太子太傅。 朴　二月晉少保。四月晉少傅兼太子太傅。九月致仕。 拱　二月晉少保兼太子太保。四月晉少傅兼太子太傅。五月罷。 陳以勤　二月晉禮部尚書兼文淵閣大學士入。四月加太子太保。 張居正　二月晉吏部左侍郎兼東閣大學士入。四月晉禮部尚書武英殿大學士。
二年戊辰	階　七月致仕。 春芳　正月加少師兼太子太師建極殿大學士。 以勤　正月加少傅兼太子太傅。 居正　正月加少保兼太子太保。
三年己巳	春芳 以勤 居正

	趙貞吉 八月，禮部尚書兼文淵閣大學士入。
	拱 十二月召還，兼掌吏部事。
四年庚午	春芳 六月晉少師。十二月加中極殿大學士。
	拱 十二月晉少師建極殿大學士。
	以勤 七月致仕，加太子太師。
	居正 十二月晉太子太傅吏部尚書柱國，又晉少傅建極殿大學士。
	貞吉 十一月致仕。
	殷士儋 十一月，太子太保禮部尚書兼文淵閣大學士入。踰月，晉少保武英殿大學士。
五年辛未	春芳 五月致仕。
	拱
	居正
	士儋 十一月致仕。
六年壬	拱 正月加柱國晉中極殿大學士。六月罷。

申六月，神宗即位。	居正 正月加少師兼太子太師。八月加左柱國中極殿大學士。 高儀 四月，禮部尚書兼文淵閣大學士入。六月卒。 呂調陽 六月，禮部尚書兼文淵閣大學士入。八月晉太子少保武英殿大學士。
萬曆元年癸酉	居正 調陽 十一月晉太子太保。
二年甲戌	居正 調陽 七月晉少保。
三年乙亥	居正 調陽 張四維 八月晉禮部尚書兼東閣大學士入。
四年丙子	居正 十月特晉左柱國太傅，俸如伯爵。 調陽 十月晉太子太傅吏部尚書。 四維

五年丁丑	居正九月丁憂奪情。 調陽八月晉少傅。 四維八月晉太子太保文淵閣大學士。
六年戊寅	居正三月歸葬。六月還朝。 調陽二月晉建極殿大學士。七月以病回籍。 四維二月晉少保武英殿大學士。 馬自強三月，太子太保禮部尚書兼文淵閣大學士入。十月卒。 申時行三月，吏部左侍郎兼東閣大學士入。
七年己卯	居正 四維 時行十二月加禮部尚書兼文淵閣大學士。
八年庚辰	居正 四維六月晉少傅兼太子太傅。

年	人	事
	時行	
九年辛巳	居正	十一月晉太傅左柱國。
	四維	加柱國。
	時行	
十年壬午	居正	六月晉太師，尋卒。
	四維	六月晉太子太師。九月晉少師。
	時行	六月晉太子太保。九月晉少保。
	潘晟	禮部尚書武英殿大學士，六月命，未任罷。
	余有丁	六月，禮部尚書兼文淵閣大學士入。九月晉太子太保。
十一年癸未	四維	四月丁憂。
	時行	九月晉少傅兼太子太傅吏部尚書建極殿大學士。
	有丁	九月晉少保戶部尚書武英殿大學士。
	許國	四月，禮部尚書兼東閣大學士入。九月晉太子太保文淵閣大學士。

十二年甲申	時行九月晉少師太子太師中極殿大學士。 有丁九月晉少傅太子太傅建極殿大學士。十一月卒。 國九月晉少保太子太保武英殿大學士。 王錫爵十二月起禮部尚書兼文淵閣大學士。 王家屏十二月以吏部侍郎兼東閣大學士。
十三年乙酉	時行 國 錫爵六月入。 家屏
十四年丙戌	時行 國八月晉柱國少傅兼太子太傅。 錫爵 家屏九月丁憂。

十五年丁亥	時行 國　二月晉吏部尚書建極殿大學士。 錫爵　二月晉太子太保武英殿大學士。
十六年戊子	時行　四月加左柱國。 國 錫爵　六月晉太子太保。 家屏　十二月服闋召。
十七年己丑	時行 國　八月晉太子太師吏部尚書。 錫爵 家屏　四月還朝，晉禮部尚書。
十八年庚寅	時行 國

	錫爵 家屛
十九年辛卯	時行 三月加太傅。九月致仕。 國 九月致仕。 錫爵 六月歸省。 家屛 趙志皐 九月，禮部尚書兼東閣大學士入。 張位 九月，吏部侍郎兼東閣大學士。
二十年壬辰	家屛 三月致仕。 志皐 位 四月入。
二十一年癸巳	錫爵 正月還朝。 志皐 四月晉太子太保文淵閣大學士。

	位　四月晉禮部尚書文淵閣大學士。
二十二年甲午	錫爵　二月晉少傅兼太子太保吏部尚書建極殿大學士。五月致仕。 志皐　二月晉少保兼太子太保戶部尚書。 位　二月晉太子太保。 陳于陛　五月，禮部尚書兼東閣大學士入。 沈一貫　五月，禮部尚書兼東閣大學士。十一月入。
二十三年乙未	志皐 位 于陛　十月晉太子少保。 一貫　十月晉太子少保。
二十四年丙申	志皐　三月晉少傅兼太子太傅建極殿大學士。 位 于陛　八月晉太子太保。十二月卒。

	一貫
二十五年丁酉	志皋 位 五月晉少保太子太保吏部尚書武英殿大學士。 一貫 五月晉太子太保戶部尚書武英殿大學士。
二十六年戊戌	志皋 十月養病。 位 六月閒住。 一貫
二十七年己亥	志皋 養病。四月晉兼太子太師中極殿大學士。 一貫〔二〕
二十八年庚子	志皋 養病。 一貫 五月晉少保吏部尚書。
二十九年辛丑	志皋 養病。九月卒。 一貫 十一月晉兼太子太傅建極殿大學士。

	沈鯉　九月，禮部尚書召兼東閣大學士。 朱賡　九月，禮部尚書召兼東閣大學士。
三十年壬寅	一貫　七月晉少傅兼太子太傅。 鯉　七月入。 賡　四月入。七月晉太子太保。
三十一年癸卯	一貫　四月晉左柱國少傅中極殿大學士。 鯉 賡
三十二年甲辰	一貫 鯉　十月晉少保文淵閣大學士。 賡　十月晉太子太保文淵閣大學士。
三十三年乙巳	一貫　十月晉少師兼太子太師。 鯉　十月晉少傅兼太子太傅。

	賡　十月晉少保兼太子太保。
三十四年丙午	一貫　七月致仕。 鯉　七月致仕。 賡
三十五年丁未	賡　三月晉戶部尚書武英殿大學士。 錫爵　六月加少保召，辭不至。 于愼行　禮部尚書。五月加太子太保東閣大學士。十一月入，尋卒。 李廷機　五月晉禮部尚書兼東閣大學士入。 葉向高　五月晉禮部尚書兼東閣大學士。十一月入。
三十六年戊申	賡　十一月卒。 廷機　十月養病。以後杜門注籍，不赴閣。 向高
三十七	廷機　養病。

年己酉	向高
三十八年庚戌	廷機　養病。 向高　十二月晉太子太保文淵閣大學士。
三十九年辛亥	廷機　養病。 向高
四十年壬子	廷機　養病。九月晉太子太保，致仕。 向高
四十一年癸丑	向高　十一月晉少保兼太子太保戶部尚書武英殿大學士。十二月晉少傅兼太子太傅吏部尚書建極殿大學士。 方從哲　九月晉禮部尚書兼東閣大學士入。 吳道南　九月晉禮部尚書兼東閣大學士入。
四十二年甲寅	向高　八月晉少師兼太子太師，致仕。 從哲

	道南 未赴。
四十三年乙卯	從哲 道南 五月入。
四十四年丙辰	從哲 十二月晉太子太保文淵閣大學士。 道南
四十五年丁巳	從哲〔二〕 道南 七月丁憂。
四十六年戊午	從哲
四十七年己未	從哲
四十八年庚申	從哲 八月晉少保戶部尚書武英殿大學士。十月晉少師兼太子太師吏部尚書中極殿大學士。十二月致任。 史繼偕 八月晉禮部尚書兼東閣大學士。

八月，光宗即位。九月崩，熹宗即位。八月以後，爲泰昌元年。	沈漼　八月晉禮部尚書兼東閣大學士。 何宗彥　八月晉禮部尚書兼東閣大學士。 劉一燝　八月晉禮部尚書東閣大學士入。十月晉太子太保戶部尚書文淵閣大學士。 韓爌　八月晉禮部尚書東閣大學士入。十月晉太子太保戶部尚書文淵閣大學士。 朱國祚　八月晉禮部尚書，召兼東閣大學士。 孫如游　禮部尚書。十月兼東閣大學士入。 向高　八月召。
天啓元年辛酉	向高　六月晉中極殿大學士。〔三〕十月入。 一燝　六月晉少保兼太子太保吏部尚書武英殿大學士，又晉少傅兼太子太傅建極殿大學士。九月晉中極殿大學士。十月晉少師兼太子太師。 爌　六月晉少保吏部尚書武英殿大學士，又晉少傅兼太子太傅建極殿大學士。九月晉中極殿大學士。十月晉少師兼太子太師。

	繼偕 十月入。晉太子太保文淵閣大學士。 淮 七月入。九月晉太子太保文淵閣大學士。十月晉少保武英殿大學士。 宗彥 六月入。九月晉太子太保文淵閣大學士。十月晉少保武英殿大學士。 國祚 六月入。九月晉太子太保文淵閣大學士。十月晉少保武英殿大學士。 如游 閏二月晉太子太保文淵閣大學士，致仕。
二年壬戌	向高 一燝 三月致仕。 爌 繼偕 淮 七月致仕。 宗彥 國祚 孫承宗 二月晉兵部尚書東閣大學士入，兼掌兵部。八月晉太子太保，出鎮山海關。

三年癸亥	向高　正月晉中極殿大學士。七月晉左柱國。十一月晉上柱國。十二月晉少傅。 熿　正月晉少師太子太師中極殿大學士。七月加特進。十一月晉左柱國。 繼偕　正月晉太子太師文淵閣大學士。七月晉少傅兼太子太傅。尋加少保，致仕。 宗彥　正月晉少保兼太子太保戶部尚書。七月晉少傅兼太子太傅。十一月晉太子太師。 國祚　正月晉少保兼太子太保戶部尚書。四月致仕。 顧秉謙　禮部尚書。正月兼東閣大學士入。七月晉太子太保文淵閣大學士。十一月晉少保太子太保。 朱國禎　正月晉禮部尚書兼東閣大學士。六月入。七月晉太子太保文淵閣大學士。十月晉少保兼太子太保。 朱延禧　正月晉禮部尚書兼東閣大學士入。七月晉太子太保文淵閣大學士。十一月晉少保兼太子太保。 魏廣微　正月，禮部尚書兼東閣大學士。十月入。十一月晉太子太保文淵閣大學士。 承宗　出鎮。正月晉少保兼太子太保文淵閣大學士。七月晉少傅兼太子太傅。十一月晉太子太師。
四年甲子	向高　七月致仕。 熿　十一月致仕。 宗彥　正月卒。

	秉謙 國禎　十二月致仕。 延禧 廣微 承宗　出鎮。
五年乙丑	秉謙　正月晉少傅兼太子太師吏部尚書建極殿大學士。九月晉左柱國少師中極殿大學士。 延禧　正月晉少傅兼太子太師吏部尚書建極殿大學士。六月罷。 廣微　正月晉少保兼太子太傅吏部尚書建極殿大學士。八月致仕，晉少傅兼太子太師。〔四〕 周如磐　禮部尚書。八月兼東閣大學士入，尋晉太子太保文淵閣大學士。十一月致仕。 黃立極　八月晉禮部尚書兼東閣大學士入。九月晉太子太保文淵閣大學士。 丁紹軾　八月晉禮部尚書兼東閣大學士入。九月加太子太保文淵閣大學士。 馮銓　八月晉禮部侍郎兼東閣大學士入。九月晉禮部尚書文淵閣大學士。 承宗　出鎮。正月晉少師兼太子太師。九月晉左柱國中極殿大學士。十月致仕。

六年丙寅	秉謙　四月晉太保。閏六月晉上柱國太師。九月致仕。 立極　四月晉少保兼太子太保戶部尚書武英殿大學士。十一月晉少傅兼太子太傅吏部尚書建極殿大學士。〔五〕 紹軾　四月晉少保兼太子太保戶部尚書武英殿大學士。尋卒。 銓　四月晉少保兼太子太保戶部尚書武英殿大學士。閏六月免。 施鳳來　七月晉禮部尚書兼東閣大學士入。十月晉太子太保文淵閣大學士。十一月晉少保兼太子太保戶部尚書武英殿大學士。 張瑞圖　七月晉禮部尚書東閣大學士入。十月晉太子太保文淵閣大學士。十一月晉少保兼太子太保戶部尚書武英殿大學士。 李國䅣　七月晉禮部尚書東閣大學士入。十月晉太子太保文淵閣大學士。十一月晉少保兼太子太保戶部尚書武英殿大學士。
七年丁卯八月，	立極　三月晉少傅兼太子太傅吏部尚書建極殿大學士。八月加左柱國晉少師兼太子太師中極殿大學士。十月晉太保，辭免。十一月致仕。

莊烈帝即位。	鳳來 三月晉少保兼太子太保戶部尚書武英殿大學士。八月晉少師兼太子太師中極殿大學士。十月晉左柱國吏部尚書。 瑞圖 三月晉少保兼太子太保戶部尚書武英殿大學士。八月加少師兼太子太師中極殿大學士。十月晉左柱國吏部尚書。 國楷 三月晉少保兼太子太保戶部尚書武英殿大學士。八月晉少師兼太子太師中極殿大學士。十月晉左柱國吏部尚書。 來宗道 太子太保禮部尚書。十二月兼東閣大學士入。 楊景辰 十二月晉禮部尚書兼東閣大學士入。 周道登 十二月晉禮部尚書兼東閣大學士入。 錢龍錫 十二月晉禮部尚書兼東閣大學士入。 李標 十二月晉禮部尚書兼東閣大學士入。 劉鴻訓 十二月晉禮部尚書兼東閣大學士入。
崇禎元	鳳來 三月致仕，晉太傅。

年戊辰	瑞圖　三月致仕，晉太保。
	國楷　四月晉太保。五月致仕。
	宗道　四月晉少保兼太子太保戶部尙書文淵閣大學士。六月致仕，晉少傅兼太子太傅。
	景辰　四月晉太子太保文淵閣大學士。六月致仕，晉少保。
	道登　六月任。七月晉太子太保文淵閣大學士。
	標　二月任。七月晉太子太保文淵閣大學士。
	龍錫　六月任。七月晉太子太保文淵閣大學士。
	鴻訓　二月任。七月晉太子太保文淵閣大學士。十月罷，〔六〕尋遣戍。
	爌　四月召。十二月任。
二年己巳	爌　三月晉太傅。
	道登　正月致仕。
	標
	龍錫　十二月罷。

	成基命　十一月晉禮部尚書兼東閣大學士入。 周延儒　十二月晉禮部尚書兼東閣大學士入。 何如寵　禮部尚書。十二月兼東閣大學士入。 錢象坤　十二月晉禮部尚書兼東閣大學士入。 承宗　十一月召，以少師兼太子太師兵部尚書中極殿大學士出鎮山海關。四年十一月致仕。
三年庚午	熿　正月致仕。 標　二月晉少保兼太子太保戶部尚書武英殿大學士。三月致仕。 基命　二月晉太子太保文淵閣大學士。九月致仕。 延儒　二月晉太子太保文淵閣大學士。十一月晉少保武英殿大學士。 如寵　二月晉太子太保文淵閣大學士。十一月晉少保武英殿大學士。 象坤　二月晉太子太保文淵閣大學士。十一月晉少保武英殿大學士。 溫體仁　禮部尚書。六月兼東閣大學士入。十一月晉太子太保文淵閣大學士。 吳宗達　禮部尚書。六月兼東閣大學士入。十一月晉太子太保文淵閣大學士。

四年辛未	延儒
	如寵　八月致仕。
	象坤　六月致仕。
	體仁
	宗達
五年壬申	延儒　二月晉少傅兼太子太傅吏部尚書建極殿大學士。
	體仁　二月晉少保兼太子太保戶部尚書武英殿大學士。
	宗達　二月晉少保兼太子太保戶部尚書武英殿大學士。
	鄭以偉　五月晉禮部尚書兼東閣大學士入。十月晉太子少保。
	徐光啓　五月晉禮部尚書兼東閣大學士入。十月加太子少保。
六年癸酉	延儒　六月罷。
	體仁　十一月晉少傅兼太子太傅吏部尚書建極殿大學士。
	宗達　十二月晉少傅兼太子太傅吏部尚書建極殿大學士。

	以偉 六月卒。 光啓 七月晉太子太保文淵閣大學士。十月卒。 錢士升 九月晉禮部尚書兼東閣大學士入。 王應熊 十一月晉禮部尚書兼東閣大學士入。 何吾騶 十一月晉禮部尚書兼東閣大學士入。 何如寵 七月召，辭不赴。
七年甲戌	體仁 二月晉少師兼太子太師中極殿大學士。〔七〕 宗達 二月晉少師兼太子太師中極殿大學士。 應熊 二月晉太子太保文淵閣大學士。 吾騶 二月晉太子太保文淵閣大學士。 士升 二月晉太子太保文淵閣大學士。
八年乙亥	體仁 宗達 五月致仕。

	應熊 九月罷。
	吾騶 十一月罷。
	士升
	文震孟 七月晉禮部侍郎兼東閣大學士入。十一月閒住。
	張至發 七月晉禮部侍郎兼東閣大學士入。
九年丙子	體仁 十月晉少師兼太子太師中極殿大學士。
	士升 四月免。
	至發 六月晉禮部尚書。十月晉太子太保文淵閣大學士。
	林釬 禮部侍郎。正月兼東閣大學士入。六月卒。
	黃士俊 禮部尚書。六月兼東閣大學士入。十月晉太子太保文淵閣大學士。
	孔貞運 六月晉禮部尚書東閣大學士入。十月晉太子太保文淵閣大學士。
	賀逢聖 禮部尚書。六月兼東閣大學士入。十月晉太子太保文淵閣大學士。
十年丁	體仁 正月晉左柱國，三月晉太保，俱辭免。六月致仕。

丑	至發 三月晉少傅兼太子太傅戶部尚書。 士俊 三月晉少傅兼太子太傅戶部尚書。 逢聖 三月晉少傅兼太子太傅戶部尚書。 貞運 三月晉少傅兼太子太傅戶部尚書。 劉宇亮 八月晉禮部尚書兼東閣大學士入。 傅冠 八月晉禮部尚書兼東閣大學士入。 薛國觀 八月晉禮部侍郎兼東閣大學士入。
十一年 戊寅	至發 四月罷。 士俊 正月罷。 逢聖 三月罷。 貞運 六月罷。 宇亮 六月晉文淵閣大學士。十一月出督師。 冠 六月晉文淵閣大學士。八月罷。

國觀　六月晉禮部尚書。

程國祥　六月改禮部尚書兼東閣大學士入。

楊嗣昌　六月改禮部尚書兼東閣大學士入，仍掌兵部。

方逢年　六月晉禮部尚書兼東閣大學士入。十二月閒住。

蔡國用　六月晉禮部尚書兼東閣大學士入。

范復粹　六月晉禮部侍郎兼東閣大學士入。

十二年
己卯

宇亮　二月罷。

國觀　六月晉太子太保戶部尚書文淵閣大學士。十一月晉少保吏部尚書武英殿大學士。

國祥　四月致仕。

嗣昌　九月督師。

國用　六月晉太子太保戶部尚書文淵閣大學士。

復粹　五月晉禮部尚書。六月晉太子太保戶部尚書文淵閣大學士。

姚明恭　五月晉禮部尚書兼東閣大學士入。

	張四知 五月晉禮部尚書兼東閣大學士入。 魏炤乘 五月晉禮部尚書兼東閣大學士入。
十三年 庚辰	國觀 六月致仕。 國用 六月卒。 復粹 明恭 五月罷。 四知 炤乘 謝陞 四月晉太子少保，改禮部尚書兼東閣大學士入。八月晉少保兼太子太保吏部尚書武英殿大學士。 陳演 禮部侍郎。四月兼東閣大學士入。 嗣昌 督師。九月晉太子少保。
十四年 辛巳	復粹 五月罷。 四知

炤乘

陞

演

延儒　二月召。九月入。十一月晉少師兼太子太師中極殿大學士。

逢聖　二月召。九月入。

至發　二月召。辭不赴。

嗣昌　三月卒於軍。

十五年壬午

延儒

逢聖　六月罷。

四知　五月晉太子太保。六月罷。

炤乘　三月罷。

陞　四月罷。

演

	蔣德璟 六月晉禮部尚書兼東閣大學士入。 黃景昉 六月晉禮部尚書兼東閣大學士入。 吳甡 六月晉禮部尚書兼東閣大學士入。 應熊 十一月召。明年九月至。未任罷。
十六年 癸未	延儒 五月晉太師兼太子太師吏部尚書中極殿大學士。尋罷。 演 五月晉太子少保戶部尚書武英殿大學士。 德璟 五月晉太子少保戶部尚書文淵閣大學士。 景昉 五月晉太子少保戶部尚書文淵閣大學士。九月致仕。 甡 三月督師未行。五月晉太子少保戶部尚書兼兵部尚書文淵閣大學士。尋罷。 魏藻德 五月擢少詹事兼東閣大學士入。 李建泰 吏部右侍郎。十一月兼東閣大學士入。 方岳貢 右副都御史。十一月兼東閣大學士入。
十七年	演 二月免，未行，死於賊。

甲申三月，莊烈帝崩。明亡。	德璟　三月免。 藻德　二月晉兵部尚書文淵閣大學士，死於賊。 建泰　正月出督師。 岳貢　二月晉戶部尚書文淵閣大學士，死於賊。 范景文　工部尚書。二月兼東閣大學士入。〔八〕三月殉節。 丘瑜　禮部侍郎。二月兼東閣大學士入，死於賊。

校勘記

〔一〕一貫　此二字下原有「四月晉少保吏部尚書」九字。按沈一貫加少保改吏部尚書在二十八年五月丙寅，見神宗實錄卷三四七，此九字衍，據刪。

〔二〕從哲　此二字下原有「十二月晉太子太保文淵閣大學士」十四字，重出，據神宗實錄卷五五二萬曆四十四年十二月戊申條刪。

〔三〕向高六月晉中極殿大學士　與下文三年「正月晉中極殿大學士」重複。按熹宗實錄卷六、一〇、二五天啓元年六月甲申、十月辛卯、三年正月庚子，都言向高晉中極殿，第二次言「力辭，許之」，第一次無「力辭」語，可能脱漏。國榷卷八四無第一第二次進中極殿事，疑是。又韓爌九月晉中極殿大學士，十月晉少師兼太子太師，與三年正月晉官重複。熹宗實錄卷一〇天啓元年十月辛卯條，韓爌晉官同本表，有「疏辭，許之」。國榷卷八四無韓爌元年進中極殿事，疑是。

〔四〕晉少傅兼太子太師　太子太師，原作「太子太傅」，與上文「兼太子太傅」重出，據本書卷三〇六顧秉謙傳、明史稿傳一八二魏廣微傳、熹宗實錄卷五七天啓五年八月己亥條改。

〔五〕立極至十一月晉少傅兼太子太傅吏部尚書建極殿大學士　與七年立極三月晉官重複。熹宗實錄卷七三天啓六年十一月乙未條立極晉官同本表，有「疏辭」，「允之」。下文鳳來、瑞圖、國槽各於「十一月晉少保兼太子太保戶部尚書武英殿大學士」，與七年三月晉官重複。據同上熹宗實錄，有「各疏辭」，「允之」。

〔六〕十月罷　十月，原作「十二月」，據本書卷二三莊烈帝紀、懷宗實錄卷一崇禎元年十月戊申條改。

〔七〕體仁二月晉少師兼太子太師中極殿大學士　與九年體仁晉官重複。國榷卷九三頁五六三〇崇禎七年二月甲戌體仁晉官與本表同，有「並辭」語。

〔八〕二月兼東閣大學士入　二月，本書卷二四莊烈帝紀、懷宗實錄卷一七崇禎十七年正月乙卯條都作「正月」。下行「二月」，莊烈帝紀、懷宗實錄亦作「正月」。

明史卷一百十一

表第十二

七卿年表一

七卿，前史無表也，曷爲表？明太祖十三年罷丞相，政歸六部，部權重也。洪、宣以後，閣體既尊，而權亦漸重，於是閣部相持，凡廷推考察，各騁意見，以營其私，而黨局分焉。科道庶僚，乘其間隙，參奏紛挐。馴至神宗，厭其囂聒，置而不論，而被劾多者，其人自去。逮熹宗朝，則正論澌滅矣。莊烈矯之，卒不能救。二百七十年間，七卿之正直而獨立者若而人，偏邪而嫉能者若而人，貪庸而媚宰輔者若而人，備列之，可以覲世變矣，作七卿表。自洪武十三年始。成祖遷都，南京止設侍郎。仁宗乃有尚書、都御史而未備。備官自孝宗始。其權位重者曰參贊機務，憲宗後乃專屬之兵部。然累世承平，履其任者，惟養淸望而已，無關政本，故不具錄。

紀年	七卿除罷	
太祖洪武十三年庚申	吏部尚書	偰斯正月任，二月改禮部。洪彝正月任，尋免。劉崧四月，禮部侍郎署。五月致仕。阮畯六月任。
	戶部尚書	徐鐸正月任，坐黨逆免。范敏五月，本部郎中署。
	禮部尚書	鄭九成正月任，以後無考。偰斯二月任。六月致仕。李冕七月，侍郎試。十月爲江西布政司試參政。
	兵部尚書	趙本去年十一月任，以後無考。
	刑部尚書	呂宗藝去年十一月任，以後無考。
	工部尚書	薛祥二月任。
	左右都御史	安然正月任，五月致仕。李善長五月署。

十四年辛酉	晙	敏 正月免。徐輝 二月試尚書。十二月除名。	李叔正 正月任。高信 十二月，郎中試。	李澂 九月任。唐鐸 十一月任。	胡楨 七月，郎中試。	祥 十月杖死。	
十五年壬戌	晙 三月致仕。李信 三月任。	郭允道 五月任。曾泰 八月任。	信 二月免。劉仲質 二月任。十一月改大學士。任昂 十一月任。	鐸 十一月改諫議大夫。趙仁 十一月任。	開濟 七月試。	趙俊 三月任。	
十六年癸亥	信 正月卒。陳敬 正月試。十二月致仕。〔一〕	王時 月任。	昂	仁	濟 二月實授。十二月罪誅。	俊	

十七年 甲子	余煐 正月任。	栗恕 正月試。六月出爲福建參政。 郭桓 五月試。	昂 趙瑁 十月試。	兪綸 三月試。	劉逵 正月試。 王惠迪 十一月任。	麥至德 正月試。	詹徽 正月任左。 湯友恭 月任右。
十八年 乙丑	煐 四月，罪誅。 趙瑁 三月任。未幾罪誅。	桓 正月降侍郎。三月罪誅。 徐鐸 正月任。 茹太素 九月任。十二月降御史。	瑁 三月改吏部。	溫祥卿 正月任。六月降主事。	惠迪 三月罪誅。 唐鐸 十月任。	至德 正月降侍郎。三月罪誅。 徐本 正月任。	徽 友恭
十九年					鐸	本 月免。	徽

丙寅							友恭
二十年丁卯			李原名六月試。		鐸		徽 友恭
二十一年戊辰			原名	唐鐸六月任。	鐸六月改兵部。		徽 友恭月免。 凌漢正月任右。八月降刑部侍郎。
二十二年己巳		楊靖二月任。	原名	鐸四月兼詹事。五月致仕。 沈溍二月任。	趙勉二月任。	秦逵二月任。	徽

二十三年庚午	詹徽 六月以左都御史兼。	靖 五月改刑部。趙勉 五月任。	原名	溍 五月改工部。六月復任。秦逵 五月任。六月復改工部。茹瑺 十一月試。	勉 五月改戶部。安童 正月任。楊靖 五月任。	逵 五月改兵部。六月復任。沈溍 五月任。六月復改兵部。	徽 四月兼掌通政司。六月兼吏部。
二十四年辛未	徽 十二月任，仍兼左都御史。	勉		溍 十月免。瑺 十一月實授。	靖	逵	徽 十二月遷吏部尚書，仍兼院務。袁泰 十二月任右。
二十五	徽 十二月	勉 閏十二		瑺 十二月	靖	逵 九月自	徽 月解

年壬申	加太子少保。	月下獄誅。		加太子少保。		殺。	院務。泰 八月卒。
二十六年癸酉	徽 二月罪誅。梁煥 二月以給事中署。翟善 四月以主事署。	郁新 六月任。		瑺	靖 正月兼太子賓客，尋坐事免。	嚴震直 六月任。十二月降御史。	
二十七年甲戌	善 五月陞左侍郎，仍署。	新	任亨泰 五月任。	瑺		王儁 十月以侍郎署。	曹銘 九月任右。
二十八年乙亥	善 閏九月降知縣。	新	亨泰 八月使安南。	瑺		儁 二月任。	銘 九月罪死。吳斌 正月

							任左。王平二月任右。
二十九年丙子	杜澤正月任。	新	亨泰二月還，降御史。門克新正月任。八月卒。	瑺	夏恕七月以大理丞署。	孫顯六月以侍郎署。	來恭　月任。八月降侍郎。鄧文鏗〔二〕十一月以刑部主事署。
三十年丁丑	澤十月免。	新	鄭沂八月任。	瑺	恕　月任。	顯二月任。嚴震直八月任。	楊靖四月任左。七月賜死。嚴震直四月任右。八

							月改工部尚書。
三十一年戊寅閏五月，惠帝即位。	茹瑺九月任。十二月署河南布政。張紞十二月任。	新　王鈍十二月任。	沂八月免。　陳迪八月任。	瑺九月遷吏部尚書。　齊泰五月任，參預國政。〔三〕	恕　暴昭五月任。	震直　鄭賜十二月任。	暴昭四月任。五月遷刑部尚書。
建文元年己卯	紞	新　鈍	迪	泰十一月罷。　茹瑺十一月復任。	昭七月出掌平燕布政司事。　侯泰七月任。	賜　震直　月巡視河北。	景清二月任左。　練子寧二月任右。
二年庚辰	紞	新　鈍	迪	瑺　鐵鉉十二	泰　昭	賜　震直	清　子寧

	三年辛巳	四年壬午秋七月，燕王即皇帝位。
	紞	紞 七月自經死。 蹇義 九月任。
	新 鈍	新 六月歸附，仍任。 鈍 六月歸附。七月致仕。 夏原吉 九月任。 郭資 十一月任，仍掌
	迪 二月加太子少保。	迪 六月殉難。 宋禮 七月以刑部員外署。八月陞右侍郎，尋遷左，仍署。 李至剛 十
月任督軍。	齊泰 正月復，閏三月又謫。 璿 鉉	泰 六月殉難。 鉉 八月死難。 璿 六月迎降。九月封忠誠伯，仍任。 劉儁 九月
	泰 昭	泰 六月殉難。 昭 六月殉難。 鄭賜 七月任。 雒僉 十二月任，仍知保定府。
	賜 震直	賜 六月歸附。七月改刑部。 震直 六月歸附。七月同致仕。戶部尚書王鈍巡視中原。九月卒。
	清 子寧	清 六月殉難。 子寧 六月殉難。

	永樂元年癸未	二年甲申	三年乙酉	四年丙
	義	義 四月兼詹事。	義	義
北平布政事。	新 原吉 四月治水蘇、松。 資 二月改行部。	新 原吉	新 八月卒。 原吉 月回部。	原吉
二月任。	至剛 鄭沂 七月復任。九月致仕。	至剛 四月兼左春坊大學士。	至剛 八月下獄。 鄭賜 九月任。	賜
任。	瑺 儁	儁 金忠 四月任，兼詹事。	儁 忠	儁 七月參
	賜 僉 二月改行部。	賜	賜 九月改禮部。 呂震 九月任。	震
黃福 九月任。	福	福 宋禮 十二月任。	福 四月改行部。 禮	禮 閏七月
	陳瑛 正月任。	瑛 吳中 九月任右。	瑛 中	瑛

戌				忠 贊交南軍務。		採木四川。	中
五年丁亥	義	原吉	賜 趙紘 六月任。	忠	震	禮 吳中 正月任。	瑛 中 正月改工部尚書。
六年戊子	義	原吉	賜 六月卒。 紘 劉觀 六月任。十二月改刑部。 呂震 十二月任。	忠 儁 五月班師。八月復出征。十二月戰歿。	震 十二月改禮部。 劉觀 十二月任。	禮 中	瑛
七年己丑	義 輔太子居守。	原吉 二月扈駕巡北	紘 扈駕，兼署行在刑	忠 輔太子居守。	觀	禮 中 扈駕。	瑛

	八年庚寅	九年辛卯	十年壬
	義	義	義
京，兼署行在禮、兵二部及都察院。	原吉　扈駕。二月輔導皇長孫，仍兼行在吏、戶、兵三部。	原吉	原吉
部。 震	羾　扈駕。 震	羾　九月下獄。 震	震
方賓　以兵部侍郎扈駕，兼署行在吏部，三月任。	忠 賓　扈駕。	忠 賓	忠
	觀　三月參贊黔國軍務，征永昌叛寇。	觀	觀
	禮 中　扈駕。	禮　三月督濬會通河。 中	禮　十二月
	瑛	瑛　二月罪誅。	

辰				賓		中 復出採木。 白彥芳 三月以陝西參議署。	
十一年 癸巳	義	原吉 扈駕，巡北京。	震 扈駕。	忠 賓 扈駕。	觀	禮 中	
十二年 甲午	義	原吉 扈駕，征瓦剌。	震 扈駕。	忠 賓 扈駕。八月回北京。	觀 月讁爲吏。	禮 月回部。 中	
十三年 乙未	義	原吉 扈駕。	震 扈駕。	忠 四月卒。 賓 扈駕。 陳洽 四月任，參贊交阯。	觀 六月改左都御史。二月復任。	禮 中 扈駕。	劉觀 六月任。

十四年丙申	義	原吉 扈駕。	震 扈駕。 金純 三月任。	賓 扈駕。	吳中 八月任，扈駕，俱十一月回京。	禮 中 扈駕。八月改刑部。	觀
十五年丁酉	義	原吉 扈駕，巡北京。	震 扈駕。 純	賓 扈駕。 趙玒 十一月任，屯戍邊塞。	中	禮	觀
十六年戊戌	義	原吉 扈駕。	震 扈駕。 純	賓 扈駕。 玒	中	禮	觀
十七年己亥	義	原吉 扈駕。	震 扈駕。 純	賓 扈駕。 玒	中	禮 九月敕回京。	觀
十八年庚子	義	原吉 扈駕。 郭資 十二月任。	震 扈駕。 純	賓 扈駕。 玒	中	禮 李慶 十二月任。	觀 王彰 十二月任右。

十九年辛丑是年，設六部於北京。	義 四月巡撫應天。七月還朝。	原吉 十一月下獄。 資	震 純 四月巡撫四川，後還朝，署刑部。	賓 十一月自縊。 狃 督屯戍。	中 十一月下獄。	禮 慶	觀 彰 四月巡撫河南。
二十年壬寅	義 九月下獄。	資	震 九月下獄。 純 兼署刑部。	狃 督屯戍。二月督餉。		禮 七月卒。 慶 兼署兵部。二月督運。	觀 彰 二月督餉。
二十一年癸卯	義 二月復任。	資	震 三月復任。 純	狃		慶 兼署兵部。	觀 彰
二十二年甲辰	義 八月加少保。九月	資 十月兼太子賓客。	震 十月加太子少師。	狃 八月遷南京刑部	吳中 八月出獄。十月	慶 八月改兵部。	觀 八月兼太子賓客。

八月，仁宗卽位。	洪熙元年乙巳六月，宣
晉少傅。十一月晉少師。	義
十一月加太子太師，致仕。原吉八月出獄復任。十月加太子太傅。十一月晉少保。	原吉
十一月晉太子太保。純八月改工部。	震　加太子太保。
尚書。李慶八月任。十月加太子少保。	慶　十月改南京。張本四月任。
兼詹事，尋改工部。金純十月任。	純　正月兼太子賓客。
金純八月任。十月改刑部。黃福九月交阯召還。十月兼詹事。吳中十月任。十一月加太子少保。	福 中 李友直正月任，專管
十一月晉太子少保。彰九月鎭撫河南。向珤十月任右兼詹事。	觀 彰 珤　九月改南京。

宗即位。						營繕。三月改行部。	
宣德元年丙午	義	原吉	震四月卒。胡濙四月任。	本八月從討高煦，留撫樂安，尋回部。陳洽十一月，交阯戰歿。	純	福十二月出鎮交阯。中 友直	觀 彰
二年丁未	義	原吉 郭敦八月任，尋巡撫陝西。	濙	本四月撫安山西軍民。	純	福十一月還。中三月加少保。友直	觀 彰四月卒。
三年戊	義八月扈	原吉八月	濙八月扈	本	純五月下	福	觀六月巡

申	四年己酉
從。十月解部事，俸給如舊。	義　郭璡四月任。
扈從。十月解部事，俸給如舊。敦五月召還。	原吉　敦　郭資四月召。六月以原官太子太師掌部事。
從。	濙五月兼詹事。
	本十二月加太子賓客。
獄。八月致仕。	
中六月下獄，尋釋，奪少保。八月扈從。友直五月，四川採木。八月行部，改工部。	福四月出督漕運。　中　友直
視河道。十月下獄。顧佐七月任右。	佐

五年庚戌	義 璡	原吉正月卒。 敦 資 黃福八月任。 李昶閏十二月任。	濙	本六月兼戶部。		福八月改戶部。 中二月兼吏部。 友直	佐
六年辛亥	義 璡	敦四月卒。 資 福 昶十月卒。	濙正月兼戶部。	本正月卒。 許廓正月任。		中 友直	佐
七年壬子	義 璡	資 福八月改南京。	濙兼戶部。	廓六月卒。		中 友直	佐

八年癸丑	義 璡　閏八月兼都察院。	資　十二月卒。	濙　兼户部。			中 友直	佐　閏八月以疾致仕。 熊槩　九月任右。
九年甲寅	義 璡　九月兼工部。		濙　兼户部。	王驥　三月任。		中 友直	槩　九月兼刑部。十月卒。 佐　十月病痊，復任。
十年乙卯正月，英宗即位。	義　正月卒。 璡		濙　兼掌户部。	驥	魏源　七月任。 施禮　七月任。九月改南京。	中　七月加少保。 友直　正月督易州柴炭。	佐
正統元	璡	劉中敷	濙	驥　十二月	源	中	佐　六月致

年丙辰		月任。		下獄，尋釋。		友直 三月督京倉。	仕。 陳智 六月任右。
二年丁巳	璡	中敷	濙	驥 五月出理甘肅邊務。	源 五月整飭大同邊務。	中 友直	智
三年戊午	璡	中敷 七月下獄，尋釋。	濙 七月下獄，旋釋。	驥 四月回部，兼大理卿。	源 四月回部。七月下獄。十二月又下獄。	中 友直 九月卒。	智 十二月下獄。
四年己未	璡	中敷	濙	驥	源 閏二月釋獄。	中	智 閏二月釋獄。
五年庚申	璡	中敷	濙	驥 四月出征麓川。 柴車 二月	源	中	智

	六年辛酉	七年壬戌
	璡	璡 魏驥 月以侍郎署。
	中敷 十月下獄荷校，尋還職。閏十一月又下獄。 王佐 十二月任。	佐
	濙	濙
自陝西召任，即歸省。	車 三月還朝。六月卒。 驥 二月總督軍務。	驥 三月還朝。五月封靖遠伯，解部事。 徐晞 五月任。
	源	源
	中 十月晉少師。	中 四月致仕。六月卒。 王卺 七月任。
	智 六月劾免。 王文 六月任右。	文

八年癸亥	璡正月致仕。王直正月任。	佐	濙	晞	源三月致仕。王質三月任。十一月降戶部侍郎。金濂八月任。	巹	文
九年甲子	直	佐	濙	晞	濂	巹	文
十年乙丑	直	佐	濙	晞十月致仕。鄺埜九月任。	濂	巹黎澄安南王子。六月任，專供內府事。	文十月出撫陝西。陳鎰十月自陝西召還，任右。

十一年丙寅	直 八月下獄，尋釋。	佐 三月下獄，尋釋。	溁	埜	濂 三月下獄，尋釋。	巹 澄 七月卒。	鎰 三月下獄，尋釋。
十二年丁卯	直	佐	溁	埜	濂	巹	鎰
十三年戊辰	直	佐	溁	埜	濂 十一月出征福建。	巹 二月致仕。 石璞 五月任，七月出征浙賊葉宗留。〔四〕	鎰
十四年己巳八月，景帝監國，九	直 八月加太子太保。	佐 八月歿於土木。 金濂 十一月任，加太子太保。	溁 八月加太子太傅。	埜 八月歿于土木。 于謙 八月任。十月加少保。	濂 十一月改戶部。 俞士悅 十一月任。	璞 十二月回部。	鎰 八月出撫畿內。十月改左。十一月回院。 俞士悅 八

月即位。							月任。十一月遷刑部尚書。楊善十二月任右。
景泰元年庚午	直	濂	溁	謙	士悅	璞十一月出巡大同。	鎰 善八月改左。王文閏正月自陝西回院。
二年辛未	直 何文淵七月任。	濂	溁	謙	士悅	璞六月回部。	鎰四月出撫陝西。善 文

三年壬申	四年癸
直正月加少傅。四月兼太子太師。文淵四月加太子太保。	直
濂二月下獄，尋釋，革太子太保，調工部。三月復任。四月加太子太保。	濂
淡正月加少傅。四月兼太子太師。	淡
謙四月兼太子太傅。儀銘五月任。	謙
士悅四月加太子太保。	士悅
璞四月加太子太保。	璞七月出
善正月加太子太保。文正月加太子太保。十月入閣。鎰三月回院。四月加太子太保。王翺二月自陝西巡撫回院。四月加太子太保。七月出督兩廣。	善

酉	五年甲戌
文淵六月下獄，旋釋，致仕。王翺六月任。	直 翺
	濂二月卒。 張鳳四月任。
	濙
銘二月兼詹事。	謙 銘七月卒。
	士悅
治沙灣決河。	璞四月奔喪，復任。
鎰九月致仕。 翺三月召還。六月遷吏部尚書。 羅通七月任右。 蕭維禎七月任左。十一月丁憂。	善 維禎七月起復。 李實五月任右。

六年乙亥	直 翺	鳳	濙　七月兼掌詹事府。	謙 石璞　正月任。	士悅	璞　正月改兵部。 江淵　正月以內閣起復。	善 維禎 實
七年丙子	直 翺	鳳	濙	謙 璞　正月撫安湖廣。	士悅	淵	維禎 實
天順元年丁丑，正月，英宗復位。	直　正月奪少傅兼太子太師銜，致仕。 翺　正月奪太子太保銜，留任。	鳳　二月改南京。 沈固　三月任。	濙　正月奪少傅兼太子太師銜，致仕。 楊善　三月以興濟伯管部事。	謙　正月棄市。 璞　六月回部，旋致仕。 驥　二月以靖遠伯管部事。六月	士悅　正月謫戍。 軒輗　二月任。七月致仕。 劉廣衡　八月任。	淵　正月謫戍。 趙榮　正月任。	維禎　二月改南京。 實　二月爲民。 耿九疇　三月任右。六月下獄。改

				解任。陳汝言 六月任。			江西布政。馬昂 五月任，出撫山西。十一月回院。寇深 七月任。
二年戊寅	翺	固	善 五月卒。	汝言 正月下獄。馬昂 二月任。	廣衡 十月予告。十二月卒。陸瑜 十月，布政陞。	榮	昂 二月遷兵部尚書。深
三年己卯	翺	固		昂	瑜	榮	深
四年庚	翺	固 二月致	蕭晅 二月，	昂	瑜	榮	深

辰		仕。年富二月任。	布政陞任。十一月改南京。石瑁十一月任。				
五年辛巳	翺	富	瑁	昂八月加太子少保。	瑜	榮八月兼大理卿。	深七月曹欽叛，被殺。李賓七月任右。
六年壬午	翺	富	瑁十二月卒。	昂	瑜	榮七月致仕。	賓
七年癸未	翺	富	姚夔正月任。	昂	瑜十二月下獄，尋釋。	周瑄二月以刑部侍郎署。白圭三月	賓十一月下獄，尋釋。周瑄十一月以刑部

						任。	侍郎署。
八年甲申正月，憲宗即位。	翺	富 四月卒。馬昂 八月任。	夔	昂 八月改戶部。王竑 八月任。	瑜	圭	賓 李秉 八月任左。
成化元年乙酉	翺 三月加太子太保。	昂	夔	竑 九月致仕。王復 十月任。	瑜	圭 十二月督師荆、襄。	賓 八月遷南京兵部尚書。秉
二年丙戌	翺	昂	夔	復 八月整飭延綏邊備。	瑜	圭 五月召回。十二月丁憂，起復。	秉 八月整飭大同邊備。
三年丁亥	翺 七月病免。十一月	昂	夔	復 四月改工部。	瑜	圭 正月加太子少保。	林聰 四月任右。

	卒。李秉十二月任。			白圭四月任。		四月改兵部。王復四月任。	秉三月召回。五月督師遼東。十一月召回。十二月陞吏部尚書。
四年戊子	秉正月加太子少保。	昂九月致仕。楊鼎十月任。	夔	圭程信四月，四川回部。	瑜	復	聰
五年己丑	秉正月免。崔恭正月任。五月憂去。姚夔六月	鼎	夔六月改吏部。鄒幹八月任。	圭信	瑜	復	聰

	任。						
六年庚寅	夔	鼎	幹	圭 信 九月改南京。	瑜	復	聰 李賓 九月任。
七年辛卯	夔 九月加太子少保。	鼎	幹	圭	瑜	復	聰 八月出撫大同。
八年壬辰	夔	鼎	幹	圭	瑜	復	賓 項忠 五月回院，陞左。
九年癸巳	夔 二月卒。 尹旻 三月任。	鼎	幹	圭 八月憂去。十二月起復。	瑜 八月致仕。 王槩 八月任。	復	忠 賓 月加太子太保。 董方 十一月任右。
十年甲午	旻	鼎	幹	圭 十二月	槩 八月卒。	復	忠 十一月

午				卒。項忠十二月任。	項忠十月任。十二月改兵部。董方十二月任。		遷刑部尚書。賓　方二月出撫大同。十二月遷刑部尚書。
十一年乙未	昃	鼎	幹	忠	方	復	賓二月加太子少保。王越二月任左，兼提督團營。
十二年丙申	昃	鼎	幹	忠	方	復	賓　越
十三年	昃	鼎	幹	忠六月除	方七月致	復	賓七月致

丁酉				名。余子俊七月召。十月任。	仕。林聰七月任。		仕。越十二月加兵部尚書。
十四年戊戌	旻二月加太子少保。	鼎二月加太子少保。〔五〕	幹二月加太子少保。	子俊十月加太子少保。	聰十月加太子少保。	復	越十月加太子太保。
十五年己亥	旻正月加太子太保。	鼎十二月致仕。陳鉞十二月召。	幹十二月致仕。張文質十二月任。	子俊	聰	復十二月致仕。劉昭十二月任。	越月出征延綏。
十六年庚子	旻	鉞正月任。	文質	子俊	聰	昭	越三月回院，封威寧伯，仍督團營。

十七年辛丑	旻	鉞二月改兵部。翁世資二月任。	文質正月憂去。周洪謨二月任。	子俊正月憂去。陳鉞二月任。	聰	昭	越五月出鎮寧夏。戴縉三月任右。
十八年壬寅	旻	世資	洪謨	鉞三月爲民。張鵬三月任。	聰閏八月卒。張鎣九月任。	昭	縉
十九年癸卯	旻加柱國。	世資二月加太子少保，致仕。余子俊三月召。七月任。	洪謨	鵬	鎣	昭	縉三月改南京工部尚書。李裕四月任右。
二十年	旻十一月	子俊二月	洪謨十一	鵬十一月	鎣十一月	昭十一月	裕六月改

甲辰	二十一年乙巳	二十二年丙午
晉太子太傅。	昊	昊 四月奪太子太傅，授太子少
出督大同，加太子太保。殷謙 十月任，仍兼倉場。十一月加太子少保。	謙	謙 六月致仕。劉昭 八月
月加太子少保。	洪謨	洪謨
加太子少保。	鵬 閏四月致仕。馬文升 十一月任。	文升 九月改南京。
加太子少保。	鑾	鑾 十月憂去。杜銘 十月
加太子少保。	昭	昭 八月改戶部。李裕 八月
南京。朱英 六月任右。十一月加太子少保。	英 七月卒。屠滽 七月任右。	滽 九月改南京。劉敷 九月

	二十三年丁未九月，孝宗即位。	弘治元年戊申
保，五月劾免。耿裕八月任。十月改南京禮部。李裕十月任。	裕十一月致仕。王恕十一月任。十二月加太子太保。	恕
任。十二月奪太子少保，免。	李敏正月任。	敏
	洪謨	洪謨十月致仕。
	余子俊正月召。七月任，仍加太子太保。	子俊
任。	銘十月致仕。	何喬新正月任。
任。十月改吏部。謝一夔十月任。	一夔五月卒。賈俊六月任。	俊
召。	敷二月任。十一月罷。馬文升十一月任左。	文升

	二年己酉	三年庚戌	四年辛亥	五年壬子
	恕	恕	恕	恕
	敏	敏	敏 正月致仕。葉淇 二月任。	淇
耿裕 十月任。	裕	裕	裕 四月下獄，旋釋。	裕
	子俊 二月卒。馬文升 二月任，兼督團營。	文升	文升	文升 五月加太子少
	喬新	喬新	喬新 八月致仕。彭韶 九月任。	韶
	俊	俊	俊	俊 五月加太子少保。
	文升 二月遷兵部尚書。屠滽 二月任。	滽	滽 二月病去。白昂 二月任。	昂

				保。			
六年癸丑	恕 閏五月致仕。耿裕 六月任。	淇	裕 六月改吏部。倪岳 六月任。	文升	詔 七月致仕。白昂 八月任。	俊	昂 八月遷刑部尚書。屠滽 七月召，任右。
七年甲寅	裕 九月加太子太保。	淇 九月加太子少保。	岳	文升 九月晉太子太保。	昂 九月加太子少保。	俊 二月致仕。劉璋 二月任。	滽 九月陞左，加太子少保。
八年乙卯	裕	淇	岳	文升	昂	璋	滽
九年丙辰	裕 正月卒。屠滽 二月任。	淇 四月致仕。周經 四月	岳 四月改南京吏部。徐瓊 四月	文升	昂	璋 七月致仕。徐貫 八月	滽 二月遷吏部尚書。閔珪 四月

	十年丁巳	十一年戊午	十二年己未	十三年庚申
	潚 四月加太子太保。	潚 二月晉太子太傅。	潚	潚 五月加柱國，致仕。 倪岳 六月任。
任。	經	經 二月加太子少保。	經	經 五月晉太子太保，致仕。 侶鍾 五月任。
任。	瓊	瓊 二月加太子少保。	瓊	瓊 五月晉太子太保，致仕。 傅瀚 五月任。
	文升 九月加柱國。	文升 二月晉少保兼太子太傅。	文升	文升 六月晉少傅。
	昂	昂 二月加太子太保。	昂	昂 五月加太子太傅，致仕。 閔珪 五月任。七月晉太子太保。
任。	貫	貫 二月加太子少保。	貫 十月晉太子太保。	貫 五月加太子太傅，致仕。 曾鑑 五月任。
任。	珪	珪 二月加太子少保。 侶鍾 十二月任右。	珪 鍾	珪 五月遷刑部尚書。 鍾 五月遷戶部尚書。 戴珊 六月任左。

							史琳 六月任右，經略紫荊關。	
十四年辛酉	岳 十月卒。馬文升 十月任。	鍾	瀚	文升 十月改吏部。劉大夏 十月召。	珪	鑑	珊	琳
十五年壬戌	文升	鍾	瀚 二月卒。張昇 二月任。	大夏	珪	鑑	珊	琳
十六年癸亥	文升 六月晉少師兼太子太師。	鍾	昇	大夏	珪	鑑	珊	琳
十七年甲子	文升	鍾 五月致仕。	昇	大夏	珪 加柱國。	鑑	珊	琳

		秦紘 五月命。十月致仕，未任。韓文 十一月任。					
十八年乙丑五月，武宗即位。	文升	文	昇	大夏	珪	鑑	珊 十二月卒。琳 屠勛 九月任右。
正德元年丙寅	文升 四月致仕。焦芳 四月任。十月入閣。	文 十一月閒住。顧佐 十二月任。	昇	大夏 五月致仕，加太子太保。許進 五月任。十月改	珪	鑑	張敷華 正月任。十二月致仕。琳 正月卒。勛

	許進 十月任。			吏部。 閻仲宇 十一月任。			
二年丁卯	進 八月加太子少保。	佐	昇 閏正月致仕。 李傑 閏正月任。十月致仕。 劉機 十月任。	仲宇 四月加太子太保，致仕。 劉宇 四月任。八月加太子少保，九月晉太子太傅。〔六〕	珪 閏正月致仕。 屠勛 閏正月任。	鑑 閏正月卒。 李鐩 閏正月任。	劉宇 閏正月任左。四月遷兵部尚書。 屠滽 四月起掌院事。 勛 閏正月遷刑部尚書。
三年戊辰	進 八月致仕。 劉宇 八月	佐 八月致仕。 劉璣 九月	機 二月丁憂。 周經 三月	宇 八月改吏部。 曹元 八月	勛 二月加太子少保，致仕。	鐩 十一月致仕。 洪鍾 十二	濂

	四年己巳	五年庚午
任。	宇 加少傅。六月入閣。張綵 六月任。十一月加太子少保。	綵 八月下獄死。
任。	璣	璣 八月免。楊一清 八
任。十月致仕。白鉞 十月任。	鉞	鉞 九月加太子少保，
任。九月加太子少保。	元	元 二月入閣。
王鑑之 二月任。	鑑之 正月致仕。洪鍾 正月任。十一月加太子少保，改左都御史。劉璟 十二月任。	璟 九月加太子少保。
月任。	鍾 正月改刑部。才寬 正月任。四月出督陝西。畢亨 十二月任。	亨 九月改南京。
	溥 閏九月致仕。陳金 十月任。十一月出督江西。洪鍾 十一月任。	鍾 三月督師討湖廣

	劉機 八月任。九月加太子少保。十二月致仕。	月任，加太子少保。	改內閣，管誥敕。十月卒。費宏 九月任。	胡汝礪 二月陞。三月卒。王敞 三月任。九月加太子少保。	十二月致仕。	李鐩 九月任。	賊。
六年辛未	楊一清 正月任。十二月晉少保兼太子太保。	一清 正月改吏部。孫交　月任。	宏 十二月入閣。傅珪 十二月任。	敞 五月致仕。何鑑 五月任。十二月加太子少保。	何鑑 正月任。五月改兵部。	鐩	鍾 討賊。王鼎 五月任。
七年壬申	一清	交	珪	鑑 九月晉太子太保。	張子麟 十二月任。	鐩 十二月加太子少傅。	鍾 九月還京。十二月致仕。

							鼎 六月罷。陸完 十月任，加太子太保。李士實 七月任右，掌院。
八年癸酉	一清	交 六月致仕。王瓊 六月任。	珪 六月致仕。劉春 六月任。	鑑 十一月致仕。陸完 十一月任。	子麟	鐩	完 十一月遷兵部尚書。士實 十一月致仕。石玠 十二月任。
九年甲	一清 十二	瓊	春	完 七月加	子麟	鐩	玠

戌	月晉少傅兼太子太傅。			太子太保。			
十年乙亥	一清 閏四月入閣。陸完 閏四月任。	瓊 閏四月改兵部。石玠 五月任。	春 八月憂去。毛紀 八月任。	完 閏四月改吏部。王瓊 閏四月任。	子麟	鐩	玠 五月遷戶部尚書。彭澤 五月任左，加太子太保。〔七〕王璟 五月任右。
十一年丙子	完 七月晉太子太保。	玠 七月晉太子少保。	紀 九月改管誥敕。李遜學 九月任。	瓊	子麟 七月加太子少保。	鐩 七月晉太子少傅。	澤 璟 月加太子少保。

十二年丁丑	完 月加柱國。	玠	遜學 五月改東閣誥敕。 毛澄 六月任。	瓊 二月加少保兼太子太保。十一月晉少傅兼太子少傅。	子麟	鐩 月晉太子太保。	澤 二月經略哈密。五月還，致仕。 環 六月遷左。 張綸 六月任右。
十三年戊寅	完 月加少保。	玠	澄	瓊 月加柱國。	子麟	鐩	環 綸
十四年己卯	完	玠 四月致仕。 楊潭 五月自倉場回部管事。	澄	瓊 月晉少師兼太子太師。	子麟	鐩 月加柱國。	環 綸
十五年	完 十一月	潭	澄	瓊 十二月	子麟 月	鐩	環 月加

年	庚辰	十六年辛巳四月，世宗即位。
	下獄，充軍。王瓊 十二月任。	瓊 四月下獄，論戍。石珤 五月任。七月改東閣誥敕。喬宇 八月任。十一月晉少保。
		潭 四月罷。孫交 五月復任。加太子太保。
		澄
	改吏部。	王憲 正月任。四月罷。彭澤 五月任。
	加柱國，晉太子太保。	子麟 十月歸省。
		鐩 四月致仕。林俊 五月任。
	太子太保。綸 陳金 六月任。	璟 四月致仕。金 四月致仕。綸 八月致仕。金獻民 六月任。

校勘記

〔一〕十二月致仕 此繫於洪武十六年下。按太祖實錄卷二〇〇洪武二十三年二月丙辰條，「陳敬，洪武十六年爲吏部試尚書，十七年坐事免歸」。

〔二〕鄧文鏗　原作「鄧文鑑」，據太祖實錄卷二四八洪武二十九年十一月壬申條、明進士題名碑錄洪武乙丑科改。

〔三〕齊泰五月任參預國政　本書卷四恭閔帝紀繫此事於六月，國榷卷一一頁七八八繫於閏五月，均與此互異。

〔四〕七月出征浙賊葉宗留　據本書卷一〇英宗前紀、又卷一六〇石璞傳，明史稿紀八英宗紀，英宗實錄卷一七五正統十四年二月辛未條，此事應繫於正統十四年下，「七月」當作「二月」。按英宗實錄卷一七五正統十四年二月己未條稱：「命工部造鹵簿大駕，遣本部尚書石璞祭司工之神。」是石璞此時尚未「出征」。其被命參贊軍務往浙江鎮壓葉宗留部農民軍，在十二天以後之辛未日，事具實錄同卷辛未條。可證本表繫石璞「出征」於十三年七月誤。

〔五〕二月加太子少保　太子少保，原作「太子太保」，據本書卷一五七楊鼎傳、明史稿表八、國榷卷三八頁二三九七改。

〔六〕九月晉太子太傅　太子太傅，原作「太子少傅」，據本書卷三〇六劉宇傳、武宗實錄卷三〇正德二年九月癸卯條改。

〔七〕彭澤五月任左加太子太保　太子太保，原作「太子少保」，據本書卷一九八彭澤傳、武宗實錄卷一一一正德九年四月癸卯條、國榷卷四九頁三〇六三改。據武宗實錄，彭澤是由太子少保加太子太保的，作「太子太保」是。

明史卷一百十二

表第十三

七卿年表二

嘉靖元年壬午
宇 月加柱國。
交
澄 三月晉太子太傅。
澤 月加柱國。
子麟 四月致仕。 林俊 四月任。
俊 四月改刑部。 陶琰 四月任。十一月改南京兵部。 趙璜 十二月任。
獻民

二年癸未	宇	交 十月致仕。 秦金 十一月任。	澄 二月致仕。閏四月卒。 羅欽順 三月召，辭不赴。 汪俊 七月任。	澤 十月晉少保，致仕。 金獻民 十一月任。	俊 七月加太子太保，致仕。 金獻民 八月任。十一月改兵部。 趙鑑 十一月任。	璜	獻民 八月遷刑部尚書。 俞諫 八月任。
三年甲申	宇 七月致仕。 楊旦 八月命，未任免。 廖紀 十月任。	金	俊 三月致仕。 席書 三月召，八月任。	獻民 九月督師甘肅。	鑑	璜	諫 八月卒。 邊憲 六月任。十月卒。 李鉞 十月任。
四年乙	紀	金	書 閏十二	獻民 三月	鑑	璜	鉞 六月遷

酉			月加太子太保。	回京。六月致仕。李鉞 六月任。			兵部尚書。顏頤壽 六月任。
五年丙戌	紀 七月加太子太保。	金	書 七月晉少保。	鉞 九月致仕。王時中 十月任。	鑑 五月致仕。顏頤壽 五月任。	璜	頤壽 五月遷刑部尚書。聶賢 六月任。
六年丁亥	紀 四月晉柱國少保，致仕。羅欽順 五月召，又辭不赴。	金 三月致仕。鄒文盛 四月任。	書 二月加武英殿大學士。三月卒。羅欽順 二月召，辭不	時中 三月引疾。十月復任。李承勛 十二月任，加太子太保	頤壽 八月下獄，爲民。桂萼 八月以禮部侍郎署。李承勛 十	璜 三月致仕。童瑞 四月任。	賢 六月爲民。胡世寧 七月任。九月遷刑部尚書。十月又

	七年戊子
李承勛 八月命。十月改刑部。桂萼 十一月任。	萼 正月加太子太保。六月晉少保兼太子太傅。
	文盛 十二月致仕。梁材 十二月任。
赴。吳一鵬 五月自詣敕回部。九月改南京。桂萼 九月任。十一月改吏部。方獻夫 十一月任。	獻夫 六月加太子太保。
提督團營。	時中 十月罷。承勛 三月掌都察院。胡世寧 十
月任，加太子少保。十二月改兵部。胡世寧 九月任。加太子少保。十月改都御史。十二月復任。	世寧 十一月改兵部。高友璣 十一月任。
	瑞 劉麟 七月任。
復任。十二月仍爲刑部尚書。伍文定 十二月任右。	文定 三月督師雲、貴。李承勛 三月以京營兵部尚書

	八年己丑
	萼　二月入閣。方獻夫　二月任。
	材
	獻夫　二月改吏部。李時　三月任。
一月任，加太子太保。	世寧　正月致仕。承勛　二月任，兼督京營。
	友璣　四月致仕。周倫　五月任。九月改南京。許讚　九月任。
	璘　七月致仕。章拯　八月任。
兼管。	承勛　二月遷兵部尚書。文定　二月召回。三月致仕。熊浹　二月任。七月免。王憲　八月任。十二月免。汪鋐　十二月任。

九年庚寅	獻夫 九月予告。	材	時	承勛	讚	拯 十一月致仕。蔣瑤 十二月任。	鉞 十月兼督京營。
十年辛卯	獻夫 七月召，未赴。王瓊 十二月任。	材 九月憂去。許讚 九月任。	時 七月加太子太保。九月入閣。夏言 九月任。	承勛 三月卒。時中 四月復任。九月改刑部。王憲 十一月任。	讚 九月改戶部。王時中 九月任。	瑤 七月加太子少保。	鉞 七月加太子太保。
十一年壬辰	瓊 七月卒。獻夫 七月以內閣掌部事。	讚	言 十一月加太子太保。	憲 八月兼督京營。	時中	瑤 月憂去。趙璜 四月召，未赴卒。	鉞 九月還吏部尚書。聶賢 十月任。

	汪鋐 九月任，加太子太保。					聶賢 九月召，未赴。十月改左都御史。 秦金 十一月任。	王大用 九月任右，尋仍巡撫。
十二年 癸巳	鋐	讚	言	憲	時中 二月免。 聶賢 四月任。	金	賢 四月遷刑部尚書。 王廷相 四月任。
十三年 甲午	鋐 七月加柱國兼兵部尚書，兼督大工。	讚 八月歸省。 梁材 九月任。	言 正月晉少保。	憲 正月加柱國太子太保。	賢	金 四月加太子少保。	廷相 二月加兵部尚書提督團營，仍掌院事。

十四年乙未	鋐九月免。	材	言	憲三月致仕。張瓚三月任。	賢七月致仕。唐龍七月任。	金七月加太子太保，改南京兵部。林庭棉八月任。	廷相
十五年丙申	許讚四月命守制，未赴。閏十二月任。	材	言七月兼太子太傅。九月晉少傅。十一月兼太子太師。閏十二月入閣。嚴嵩閏十二月任。	瓚十一月加太子太保。	龍	庭棉十一月加太子太保。甘爲霖十一月任，專督大工。	廷相四月加太子少保。

十六年丁酉	十七年戊戌
讚 十一月加太子太保。	讚
材	材 三月致仕。李廷相 三月以倉場回部。
嵩	嵩
瓚	瓚 毛伯溫 三月任，討安南。四月罷行，管右都御史事。
龍 七月加太子少保。	龍 四月歸養。楊志學 五月任。
庭梲 六月致仕。為霖 十二月罷。溫仁和 六月任。毛伯溫 十二月任。	仁和 八月改管詹事府。伯溫 三月改兵部。楊志學 四月任，督工。
廷相 毛伯溫 五月奪情，任右。十二月遷工部尙書。	廷相 伯溫 四月以兵部尙書管右。王堯封 四月任右。四月改倉場

	十八年己亥
	讚　正月晉少保。
	廷相　五月致仕。 梁材　五月復任。十月加太子少保。
	嵩　正月加太子太保。
	瓚
	志學　六月致仕。 周期雍　六月任。
五月改刑部。 蔣瑤　九月任。 周敍　五月任，督工。	瑤　正月加太子少保。 甘爲霖　督工。閏七月復任。
尙書。	廷相　三月加太子太保。 伯溫　二月巡邊。四月回院。閏七月征安南。〔一〕十月加太子少保。

十九年庚子	讚	材　六月閒住。 李如圭　六月任。	嵩　七月晉少保。	瓚　十一月晉柱國少保。 樊繼祖　十二月添注協理部事。	期雍　八月致仕。 錢如京　九月任。	瑤　五月致仕。 張潤　六月任。 爲霖　七月加太子少保。	廷相 伯溫
二十年辛丑	讚　四月致仕。十月復任。	如圭	嵩	瓚 繼祖　七月出督宣、大。 劉天和　九月任提督團營。	如京　八月致仕。 吳山　九月任。	潤　三月憂去。 爲霖　三月回部管事，仍督大工。	廷相　七月爲民。 伯溫　四月晉太子太保。八月召還，掌院。
二十一年壬寅	讚	如圭　八月致仕。	嵩　八月入閣，仍掌部	瓚　十月卒。 天和　八月	山　十月削職。	爲霖	伯溫　十一月還兵部

		王杲 九月任。	事。	致仕。毛伯溫 十一月任。	聞淵 十月任。		尚書。潘鑑 閏五月任右，出採木。熊浹 十二月任。
二十二年癸卯	讚	杲	嵩 四月解部事。張璧 二月任。	伯溫	淵	爲霖	浹 鑑 十二月事竣，解任。
二十三年甲辰	讚 八月加太子太傅。九月入閣。熊浹 九月任。	杲	璧 九月入閣。費寀 三月掌詹事府。九月回部。	伯溫 十月爲民。戴金 十月任。	淵 七月加太子少保。	爲霖	浹 九月遷吏部尚書。周用 十月任。

二十四年乙巳	浹　七月加太子太保。十一月爲民。唐龍　十二月任。	杲	寀　七月加太子少保。	金　閏正月免。唐龍　正月任。七月加太子太保。十二月改吏部。路迎　十二月任，兼團營。	淵	爲霖　七月晉少保兼太子太保。	用
二十五年丙午	龍　七月罷，尋卒。周用　七月任。	杲	寀	迎　六月免。陳經　六月任。	淵	爲霖　五月致仕。王以旂　五月任。	用　三月加太子少保。七月遷吏部尚書。宋景　七月

	二十六年丁未	二十七年戊申
	用 正月卒。聞淵 正月任。六月加太子太保。	淵
	杲 五月加太子少保。九月下獄，充軍。夏邦謨 九月任。	邦謨
	宷 六月加太子太保。	宷 八月晉少保。十二月卒。孫承恩 十二月以掌詹事回部。
	經 七月加太子少保，致仕。王以旂 九月任。	以旂 正月出督三邊。劉儲秀 正月命，未任，免。趙廷瑞 正月任。
	淵 正月改吏部。屠僑 二月任。九月改左都御史。喻茂堅 閏九月任。	茂堅
	以旂 二月改左都御史。文明 二月任。	明
任。	景 正月卒。王以旂 二月任。九月遷兵部尚書。屠僑 九月任。	僑

二十八年己酉	淵 九月致仕。夏邦謨 九月任。	邦謨 九月改吏部。潘潢 十月任。	承恩 正月免。徐階 二月任。	廷瑞 三月加太子少保。四月免。六月卒。范鏓 四月命，未任免。翁萬達 五月任。十月憂去。丁汝夔 十月任。	茂堅 九月致仕。劉訒 十月任。	明 十一月卒。李士翺 十二月任。	僑
二十九年庚戌	邦謨	潢 七月調南京。李士翺 七月任。八月	階 八月加太子太保。	汝夔 八月棄市。萬達 九月召，未至罷。	訒 四月爲民。李士翺 五月命。七月	士翺 五月改刑部。胡松 五月任。	僑

		免。 孫應奎十月任。		王邦瑞十一月任。	改戶部。 顧應祥七月任。		
三十年辛亥	邦謨二月致仕。 李默三月任。十月爲民。 萬鏜十月任。	應奎	階十一月晉少保。	邦瑞二月爲民。 趙錦二月任。十一月加太子少保。	應祥二月降調。 萬鏜三月任。十月改吏部。 應大猷十一月任。	松二月致仕。 歐陽必進三月任。	僑七月加太子少保。
三十一年壬子	鏜	應奎五月改南京。 韓士英五月命，未任罷。	階三月入閣，仍管部事。 歐陽德三月召。十月	錦十月充軍。 翁萬達十月召，未赴卒。	大猷九月閒任。 何鰲九月任。	必進	僑

	三十二年癸丑	三十三年甲寅	三十四年乙卯
	鏜 三月加太子少保。八月爲民。李默 八月復任。	默 十一月加太子少保。	默
方鈍 六月任。	鈍	鈍	鈍
任。	德	德 三月卒。王用賓 三月任。十一月加太子少保。	用賓
	聶豹 正月任，加太子少保。	豹 四月加太子少傅。十一月加太子太保。	豹 二月閒住。
	鰲	鰲	鰲
	必進	必進 四月加太子少保。九月憂去。吳鵬 九月任。	鵬
	僑	僑 二月加太子太保。	僑 正月卒。

				楊博 三月任。			周延 正月任。
三十五年丙辰	默 二月下獄死。吳鵬 三月任。	鈍	用賓 四月改南京吏部。吳山 四月任。	博 正月憂去。許論 正月任。	鰲 十二月致仕。歐陽必進 十二月任。	鵬 三月改吏部。趙文華 三月任，加太子太保。五月視師江、浙。十一月回部，進少保。	延 鄭曉 四月任右。
三十六年丁巳	鵬	鈍	山 八月加太子太保。	論	必進 八月改工部。賈應春 九月任。	文華 八月免。歐陽必進 八月任。	延

	三十七年戊午	三十八年己未	三十九年庚申
	鵬	鵬	鵬　三月加太子少保。
	鈍　三月改南京用。賈應春　三月任。	應春　六月致仕。馬坤　六月任。	坤　三月爲民。江東　三月任。四月改南京兵部。
	山	山	山　八月晉少保。
	論　三月爲民。楊博　三月任，視師宣、大。	博　十月回部。十二月晉少保。	博
	應春　三月改戶部。鄭曉　三月任，兼署兵部。六月，回刑部。	曉	曉　四月閒住。閔煦　五月任。潘恩　八月
	必進　九月加太子太保。雷禮　九月添注，督大工。	必進　禮　督工。	必進　九月晉少保。禮　督工。
	延　十一月加太子少保。	延	延

		高燿 四月，倉場回部。			任。		
四十年辛酉	鵬 三月致仕。歐陽必進 三月任。十一月晉柱國，致仕。郭朴 十一月任，加太子少保。	燿	山 三月閒住。袁煒 三月任，加太子少保。十一月入閣。	博	恩 三月改左都御史。馮天馭 四月任。六月閒住。蔡雲程 七月任。	必進 二月改左都御史。禮 三月回部管事。	延 二月卒。歐陽必進 二月任。三月遷吏部尚書。潘恩 三月任。
四十一年壬戌	朴	燿 八月加太子少保。	嚴訥 正月任。	博 月加柱國。	雲程 月致仕。張永明 五月任。九月	禮 三月加太子太保。十月加太子太傅。	恩 九月致仕。張永明 九月任。

					改左都御史。黃光昇十月任。		
四十二年癸亥	朴　月憂去。嚴訥三月任。	燿	訥三月改吏部。李春芳三月任。	博	光昇	禮	永明
四十三年甲子	訥八月加太子太保。	燿	春芳八月加太子太保。	博	光昇	禮	永明
四十四年乙丑	訥四月入閣，仍管部事。郭朴四月	燿	春芳四月入閣。董份四月任。六月爲	博	光昇	禮	永明

	四十五年丙寅二月，穆宗即位。	隆慶元年丁卯
召。十一月加太子太保。	朴 三月入閣。 胡松 四月任。十月卒。 楊博 十月任。	博 七月晉少傅兼太子太傅。
	燿 三月加太子太保。	燿 正月閒住。 葛守禮 正月任。六月終養。 馬森 六月
民。 高拱 七月任。	拱 三月入閣。 高儀 四月任。	儀
	博 十月改吏部。 趙炳然 閏十月，戎政回部，加太子少保。	炳然 四月加太子少保，告病。〔三〕 郭乾 四月任。十月致仕。
	光昇	光昇 四月致仕。 毛愷 五月任。
	禮 三月晉少保。十月晉太傅柱國。	禮
	永明 十月致仕。 王廷 十月任。	廷

	二年戊辰	三年己巳	四年庚午
	博	博　十二月致仕。高拱　十二月以內閣兼署。	拱　兼署。
任。	森	森　二月致仕。劉體乾　二月任。	體乾　七月閒住。張守直　七月任。
	儀	儀　十一月病免，加太子少保。殷士儋　十二月任。	士儋　二月加太子太保。十二月入閣。
霍冀　十月任。	冀	冀	冀　二月閒住。郭乾　二月任。十二月
	愷	愷	愷　二月致仕。葛守禮　二月任。十一
	禮　九月致仕。朱衡　九月任。	衡	衡
	廷	廷	廷　正月致仕。趙貞吉　二月以內閣

			潘晟 十一月任。	加太子少保。	月改左都御史。劉自強 十一月任。		兼掌。十二月解院務。葛守禮 十一月任。
五年辛未	拱 兼署。	守直	晟	乾 三月免。楊博 三月起。十月任。	自強	衡	守禮
六年壬申六月，神宗即位。	拱 六月罷。楊博 六月任，加少師兼太子太師。	守直 七月致仕。王國光 七月，倉場回部。	晟 三月致仕。呂調陽 四月任。六月入閣。陸樹聲 七月任。	博 六月改吏部。譚綸 七月任。	自強 七月致仕。王之誥 七月任。	衡 正月出治河。六月督陵工。	守禮
萬曆元	博 九月致	國光	樹聲 十二	綸 月加	之誥	衡	守禮

年癸酉	仕。張瀚九月任。		月致仕。萬士和十二月任。	太子少保。			
二年甲戌	瀚	國光	士和	綸	之誥	衡五月晉太子太保，致仕。郭朝賓六月任。	守禮
三年乙亥	瀚七月加太子少保。	國光	士和九月致仕。馬自强九月任。	綸	之誥三月送親。九月致仕。王崇古九月任，加柱國。	朝賓	守禮六月加太子少保，致仕。陳瓚六月任左。
四年丙	瀚	國光二月	自强	綸	崇古	朝賓	瓚

子	五年丁丑	六年戊寅
	瀚 十月免。 方逢時 十月以兵部兼署。 王國光 十月任。	國光
請告。 殷正茂 二月任。	正茂	正茂 六月致仕。 張學顏 七
	自強 八月加太子少保。	自強 三月入閣。 潘晟 三月
	綸 四月卒。 王崇古 四月任。十月致仕。 方逢時 十月，戎政回部，加少保，兼太子太保。	逢時
	崇古 四月改兵部。 劉應節 四月任。閏八月致仕。 吳百朋 九月任。	百朋 五月卒。 嚴清 五月
	朝賓 十一月致仕。 李幼滋 十二月任。	幼滋
	瓚 十月病免。 陳炌 十一月任。	炌

		月任。	任。		任。		
七年己卯	國光　十二月加太子太保。	學顏	晟	逢時　月加柱國。	清	幼滋　十二月予告。	炌
八年庚辰	國光	學顏	晟　十一月加太子太保。十二月致仕。徐學謨　十二月任。	逢時	清	曾省吾　正月任。	炌
九年辛巳	國光	學顏	學謨	逢時　四月致仕。梁夢龍　四月任。	清	省吾	炌
十年壬午	國光　十月	學顏	學謨	夢龍　十月	清　十二月	省吾　十月	炌

	午	十一年 癸未	十二年 甲申
	免。梁夢龍 十月任。十二月免。嚴清 十二月任。	清 七月病免。楊巍 七月任。	巍
		學顏 四月改兵部。楊巍 四月任。七月改吏部。王遴 七月任。	遴
		學謨 九月加太子少保。十月致仕。陳經邦 十月任。	經邦 十月致仕。
	加太子太保，尋改吏部。吳兌 十一月任。	兌 三月致仕。張學顏 四月任。	學顏 二月加太子少
	改吏部。	潘季馴 正月任。	季馴 七月爲民。
	加太子太保。十二月致仕。楊巍 十二月任。	巍 四月改吏部。楊兆 四月任。九月加太子少保。	兆
		炌 七月免。趙錦 七月召。十一月任。	錦 九月加太子少保。

		沈鯉 十月任。	保。九月晉太子太保。	舒化 十一月任。		
十三年乙酉 巍 十月加太子少保。	遴 三月改兵部。畢鏘 三月任。	鯉	學顏 三月病免。王遴 三月任。九月致仕。張佳允 閏九月任，加太子太保。	化	兆 六月晉太子太保。	錦 四月加兵部尚書。十一月憂去。
十四年丙戌 巍	鏘 五月病免。宋纁 五月任。	鯉	佳允 十二月致仕。	化	兆	辛自修 正月任。
十五年 巍	纁	鯉 二月加	嚴淸 正月	化 五月病	兆 二月卒。	自修 月

丁亥			太子少保。	召，病不赴。王一鶚四月任。	免。李世達六月任。	何起鳴正月任。二月免。石星二月任。	致仕。吳時來二月任。
十六年戊子	魏 九月加太子太保。	纁	鯉 九月致仕。朱賡九月任。	一鶚	世達	星 九月加太子少保。曾同亨九月任，專督陵工。	時來
十七年己丑	魏	纁	賡 七月憂去。于慎行七月任。	一鶚	世達	星 同亨	時來
十八年	魏 二月致	纁 三月改	慎行	一鶚	世達 五月	星 三月改	時來 五月

庚寅	仕。宋纁三月任。	吏部。石星三月任。			改左都御史。陸光祖五月任。	戶部。同亨三月回部掌事。	致仕。李世達五月任。
十九年辛卯	纁五月卒。陸光祖四月任。	星八月改兵部。楊俊民八月，倉場回部。	愼行九月致仕。李長春九月任。	一鶚月致仕。九月卒。石星八月任。	光祖四月改吏部。趙錦五月召，未赴卒。張國彥十二月任，尋致仕。孫丕揚十二月任。	同亨	世達
二十年壬辰	光祖三月致仕。	俊民	長春十一月致仕。	星	丕揚	同亨七月加太子少	世達十月加太子少

	孫鑨三月任。		羅萬化十二月掌詹事回部。			保。十二月致仕。	保。
二十一年癸巳	鑨七月致仕。 陳有年八月任。	俊民	萬化	星四月晉太子太保。	丕揚十一月改左都御史。 趙煥十一月任。	辛自修正月任。未幾卒。 溫純四月任。九月終養。 衷貞吉九月任。	世達十月致仕。 孫丕揚十一月任。
二十二年甲午	有年七月致仕。 孫丕揚八月任。	俊民	萬化九月致仕。 范謙十月任。	星	煥	貞吉八月改左都御史。 沈節甫八	丕揚八月遷吏部。 衷貞吉八月任。

	二十三年乙未	二十四年丙申	二十五年丁酉
	丕揚　六月加太子少保。	丕揚　閏八月病免。	蔡國珍　二月召。五月任。九月加
	俊民　六月加太子少保。	俊民	俊民
	謙	謙	謙　十月卒。
	星　十月加少保。	星	星　二月革職候勘。九月下獄。
	煥　四月致仕。 蕭大亨　五月任，仍加太子太保。	大亨	大亨
月以侍郎署。	節甫　署。 李戴　五月任。未幾憂去。	徐作　六月以侍郎署，尋陞右都御史，仍署部事。	作　兼署。
	貞吉	貞吉　月卒。 徐作　十月任右，署工部事。	作

	太子少保。						
二十六年戊戌	國珍四月病免。李戴六月召。	俊民九月晉太子太保。	余繼登六月以侍郎署。	田樂六月任。十二月加太子太保。	大亨	楊一魁五月召。十二月任。	溫純五月召。十二月任。作六月免。
二十七年己亥	戴	俊民四月致仕。陳蕖五月任。	繼登五月任。	樂四月晉太子太傅。九月加柱國。	大亨	一魁	純
二十八年庚子	戴	蕖	繼登七月卒。	樂	大亨	一魁五月加太子太保。	純
二十九年辛丑	戴六月加太子太保。	蕖	馮琦十月任。	樂二月晉太保。	大亨	一魁	純
三十年	戴	蕖三月病	琦	樂三月致	大亨	一魁二月	純

壬寅		免。趙世卿三月，倉場回部。		仕。蕭大亨六月以刑部尚書兼署。		免。姚繼可閏二月任。	
三十一年癸卯	戴十二月致仕。趙世卿十二月以戶部尚書兼署。	世卿十二月兼署吏部。	琦三月卒。李廷機月以侍郎署。	大亨署。	大亨四月晉少保。	繼可	純
三十二年甲辰	世卿兼署，五月辭。楊時喬五月以左侍郎署。	世卿	廷機署。	大亨十月任，兼署刑部。	大亨十月改兵部，仍署刑部事。	繼可	純四月加太子太保。

三十三年乙巳	時喬 署。	世卿	廷機 署。	大亨	大亨 兼署。董裕 四月陞尚書，仍管左侍郎事。十二月致仕。沈應文 十一月署。	繼可 七月致仕。趙煥 十二月任。	純 七月致仕。詹沂 八月以副都署。
三十四年丙午	時喬 署。	世卿	廷機 署。	大亨	應文 署。	煥 正月終養。劉元霖 十一月以侍郎署。	沂 署。
三十五年丁未	時喬 署。	世卿	廷機 署。五月入閣。	大亨 三月晉少傅。	應文 署。	元霖 署。	沂 署。

	三十六年戊申	三十七年己酉
	時喬署。孫丕揚九月召。	時喬署。二月卒。丕揚四月任。
	世卿	世卿
楊道賓六月侍郎掌翰林院，回部署事。	道賓署。	道賓署。二月卒。吳道南二月以侍郎署。
	大亨十一月致仕。李化龍十一月以戎政尚書掌部事。	化龍
	應文八月任。	應文
	元霖署。	王汝訓四月以侍郎署。
	沂署。	沂署。孫瑋五月以倉場尚書兼署院事。

三十八年庚戌	丕揚 十二月加太子太傅。	世卿 九月請告，出城待命。	道南 署。八月憂去。翁正春 九月以侍郎署。	化龍 兼戎政。	應文 正月致仕。劉元霖 五月以工部侍郎兼署。趙煥 九月召。	汝訓 署。五月卒。元霖 五月再署部事，兼署刑部。	瑋 兼署。
三十九年辛亥	丕揚	李汝華 六月以侍郎署。	正春 署。	化龍 八月加少傅。十二月卒。	元霖 兼署。煥 九月任。	元霖 署。	瑋 兼署。許弘綱 月以副都署院事。
四十年壬子	丕揚 二月致仕。趙煥 八月任。	汝華 署。	正春 署。	王象乾 正月任。二月加太子太保。	煥 八月改吏部。許弘綱 九月以副都	元霖	弘綱 署院事。九月兼署刑部。

					御史兼署。		
四十一年癸丑	煥　九月致仕。王象乾　十月以兵部尚書兼署。	汝華　署。	正春　署。四月改吏部侍郎。孫愼行　五月以侍郎署。	象乾　十月兼署吏部。	弘綱　五月乞休。七月去。魏養蒙　七月以兵部侍郎署。	元霖　六月任。十月兼署都察院。	弘綱　署。七月致任。孫瑋　正月任。七月出城待命。十月歸。劉元霖　十月以工部尚書兼署。
四十二年甲寅	象乾　鄭繼之　二月任。九月兼署兵部。	汝華　署。	愼行　署。八月自免歸。何宗彥　八月以侍郎署。	象乾　八月自免歸。涂宗濬　八月召，不赴。鄭繼之　九	張問達　三月，以侍郎署，兼署都察院事。	元霖　三月卒。林如楚　三月以刑部侍郎兼署。	張問達　三月以刑部侍郎兼署。

				月以吏部尚書兼署。李鋕九月以侍郎署。			
四十三年乙卯	繼之正月加太子少保。	汝華署。	宗彥署。	鋕署。八月改吏部右侍郎。崔景榮四月以左侍郎署。九月管戎政。魏養蒙九月以侍郎署。	問達署。	如楚署。	問達兼署。四月封印於庫。李鋕八月以吏部侍郎署。
四十四	繼之	汝華四月	宗彥署。	養蒙署。	李鋕正月	如楚署。	鋕正月以

年丙辰		任。		黃嘉善 十月召，未至。	任，兼署都察院事。		刑部尚書兼署。
四十五年丁巳	繼之 七月晉太子太保。	汝華	宗彥 署。	養蒙 署。四月免。 崔景榮 四月以侍郎署。	鋕	如楚 署。	鋕 署。
四十六年戊午	繼之 二月致仕。 李汝華 閏四月兼署。 趙煥 六月任。	汝華 閏四月兼署吏部。	宗彥 署。	景榮 二月封印出城。 嘉善 七月任。	鋕 十一月改左都御史。	如楚 署。	鋕 十一月任。
四十七年己未	煥 十一月卒。	汝華 五月兼署工部。	宗彥 署。十一月乞歸。	嘉善 十一月養病。	張問達 以倉場尚書	如楚 七月引疾。	鋕 八月致仕。

	四十八年庚申八月,光宗即位,為泰昌元年。九月,熹宗
汝華署。	周嘉謨六月任。
	汝華 王紀八月任。
	孫如游四月以侍郎署。八月任。十月入閣。 孫慎行十二月任。
楊應聘十一月以侍郎署。	嘉善九月免。 應聘三月卒。 崔景榮十月任。
兼署。	問達署。 黃克纘七月任,仍加太子少保。
李汝華五月署。 周嘉謨七月任。 黃克纘十二月以戎政尚書署。	嘉謨六月改吏部。 王佐九月任。
張問達十二月署。	問達七月任。

即位。							
天啓元年辛酉	嘉謨　九月加太子少保。十月加太子太保。十二月致仕。 張問達　十二月任。	汝華　六月致仕，加太子太保。 汪應蛟　六月任。	愼行	景榮　五月致仕。 王象乾　五月任，六月督師。〔三〕 張鶴鳴　十月任。	克纘　十月加太子太保。	佐　九月加太子少保。十月加太子太保。	問達　十月加太子太保。十二月遷吏部尚書。 鄒元標　十二月任。
二年壬戌	問達	應蛟　十二月致仕。	愼行　七月致仕。 顧秉謙　八月任。	鶴鳴　正月加太子太保行邊。七月回部，即予告。 孫承宗　二	克纘　正月改戎政。 王紀　二月任。七月爲民。 孫瑋　八月	佐　正月加太子太傅。三月致仕。 姚思仁　四月任。	元標　十月致仕，加太子太保。 趙南星　十一月任。

				月以內閣掌部事。八月出鎮。董漢儒九月任。	召，未至。		
三年癸亥	問達九月加少保，致仕。趙南星十月任。	李長庚二月任，旋以憂去。陳大道三月任。七月免。李宗延九月倉場回部。	盛以弘二月命。五月致仕。林堯俞五月任。七月加太子少保。	漢儒七月憂去。趙彥八月任。十月加太子太保。	瑋三月任。閏十月還吏部尚書掌左都御史。喬允升十一月任。	思仁二月致仕，加太子太保。鍾羽正三月任。七月致仕。王舜鼎八月任。	南星十月遷吏部尚書。孫瑋閏十月以吏部尚書銜掌院事。十一月加太子太保。
四年甲	南星十月	宗延十一	堯俞	彥	允升十二	舜鼎四月	瑋八月卒。

子	致仕。崔景榮十一月任。	月掌都察院。李起元十一月任。			月致仕。	卒。陳長祚二月任。九月免。馮從吾九月召，未至。黃克纘十二月任。	高攀龍八月任。十月致仕。李宗延十一月改吏部尚書掌院事。
五年乙丑	景榮七月免。李宗延七月任。十二月免。王紹徽十二月任。	起元	堯俞二月加太子少保。八月致仕。薛三省九月任。十二月乞休。	彥五月致仕。高第五月任。十月經略遼東。王永光十月任。	李養正正月任。十二月免。周應秋四月任。十二月改左都御史。	克纘十二月免，復加太子太師。	宗延七月遷吏部尚書。王紹徽八月任。十二月遷吏部尚書。

	六年丙寅	七年丁
	紹徽 閏六月閒任。 周應秋 七月任。十月加太子太保。	應秋 八月
	起元 七月免。十一月加太子太傅。 郭允厚 七月任。十月加太子太保。	允厚 七月
	李思誠 正月任。十月加太子太保。十二月削職。	來宗道 正
	永光 七月加太子太保，致仕。 馮嘉會 七月，戎政回部。十月加太子太保。十一月加太子太傅。	嘉會 三月
徐兆魁 十二月任。	兆魁 六月閒任。 薛貞 七月任。十月加太子太保。	貞 十一月
	董可威 正月任。五月致仕。 薛鳳翔 五月任。十月加太子太保。 崔呈秀 七月任，仍管大工。十月加太子太保。	鳳翔 八月
周應秋 十二月任。	應秋 七月遷吏部尚書。 房壯麗 七月任。十月加太子太保。 崔呈秀 十月以工部尚書兼左都御史。	壯麗 八月

卯八月，莊烈帝即位。

加太子太師。十一月免。房壯麗十一月任。

加太子太傅。八月加太子太師。

月任。十一月加太子太保。十二月入閣。孟紹虞十二月任。

加太子太師。四月卒。王之臣正月經略回部管事，加太子太保。四月專任，晉太子太師。七月復出經略。霍維華七月任。八月加太子太保。崔呈秀八

免。蘇茂相十一月任。

加少傅兼太子太傅。呈秀七月加太子太傅。八月加少傅兼太子太傅，改兵部。

晉太子太傅。十一月遷吏部尚書。曹思誠十一月任，加太子太保。

二年己巳	崇禎元年戊辰	
永光	壯麗四月免。王永光五月任。	
自嚴	允厚二月免。王永光三月任。五月改吏部。畢自嚴五月任。	
如寵十二月入閣。	紹虞六月免。何如寵六月任。	
洽十一月下獄死。	鳴泰三月免。王在晉四月任。十月免。王洽十二月任。	月任。十月免。閻鳴泰十月任，晉少師。
允升十二月下獄。	茂相二月免。王在晉三月任，加太子太保。四月改兵部。喬允升五月任。	
張鳳翔正月任。十一	鳳翔正月免。劉廷元正月任。五月免。李長庚五月任。十二月憂去。	
于汴	思誠四月免。曹于汴五月任。	

				申用懋十一月任。十二月致仕。		月下獄。南居益十二月任。	
三年庚午	永光三月加少保。	自嚴八月加太子太保。	李騰芳正月任。十二月加太子少保。	梁廷棟正月任。七月加太子少保。	韓繼思正月任。三月削職。胡應台三月任。	居益六月削職。劉遵義六月任。曹珖八月任。	于汴二月免。閔洪學三月任。
四年辛未	永光三月免。閔洪學三月任。	自嚴	騰芳五月致仕。黃汝良五月任。	廷棟五月閒住。熊明遇六月任。	應台	珖	洪學三月遷吏部尚書。陳于廷四月任。
五年壬	洪學八月	自嚴	汝良	明遇七月	應台	珖二月加	于廷三月

申	免。李長庚八月召。十二月任。			免。張鳳翼九月任。		太子少保。五月免。張延登六月召。十月改左都御史。周士樸十月任。	加太子少保。九月免。張延登十月任。
六年癸酉	長庚	自嚴三月下獄。侯恂五月任。	汝良三月致仕。李康先五月任。	鳳翼	應台	士樸	延登
七年甲戌	長庚八月削職。謝陞八月	恂	康先	鳳翼二月加太子少保。	應台閏八月免。馮英九月	士樸十月削職。劉遵憲十	延登八月免。唐世濟八

	任。				任。	一月復任。	月任。
八年乙亥	陛 三月加太子少保。	恂	康先 正月免。 黃士俊 二月任。	鳳翼	英	遵憲	世濟
九年丙子	陛	恂 十一月削職。	士俊 六月入閣。 姜逢元 七月任。	鳳翼 七月督師。九月卒。 楊嗣昌 十月奪情任。	英	遵憲	世濟 十一月下獄。
十年丁丑	陛 二月免。 田維嘉 三月任。	程國祥 正月任。	逢元 十二月免。	嗣昌	英 四月削職充軍。 鄭三俊 閏四月任，加太子太保。	遵憲	商周祚 四月任。

十一年戊寅	維嘉四月免。商周祚五月任。十一月削職。	國祥六月入閣。李待問七月任。	林欲楫正月掌詹事回部。	嗣昌六月入閣，仍掌部事。	三俊三月下獄。劉之鳳四月任。	遵憲	周祚五月遷吏部尚書。鍾炌六月任。
十二年己卯	莊欽鄰正月召。七月未至罷。謝陞八月復任。	待問	欲楫	嗣昌九月督師討賊。傅宗龍五月任。十二月下獄。	甄淑正月任。	遵憲十一月加太子少保。	炌月削職。傅永淳七月任。
十三年庚辰	陞四月入閣。傅永淳五月任。九月免。	待問	欲楫	陳新甲正月任。	淑七月免。李覺斯七月任。十二月削職。劉澤深十	遵憲	永淳五月遷吏部尚書。王道直八月任。

	李日宣九月任。				二月任。		
十四年辛巳	日宣	待問	欲楫	新甲	澤深十二月卒。	遵憲	道直
十五年壬午	日宣六月下獄充軍。鄭三俊八月任。	待問二月免。傅淑訓二月任。	欲楫八月加太子太保。	新甲八月下獄，棄市。張國維九月任。	鄭三俊正月任。八月改吏部。范景文八月召，未任，改工部。徐石麒十一月任。	遵憲四月加太子太保。范景文十月任。	道直七月免。劉宗周八月任。十二月削職。李邦華十二月任。
十六年癸未	三俊五月免。李遇知五	淑訓五月削職。倪元璐五	欲楫十月致仕。倪元璐十	國維五月免。馮元飈五	石麒正月削職。張忻八月	景文	邦華

	十七年甲申三月，莊烈帝崩，明亡。
月任。	遇知 三月病去。
月任。十月兼署礼部。	元璐 二月解職。三月殉難。
月以戶部尚書兼署。	王鐸 三月召，未赴。
月任。十一月告病。 張縉彥 十月任。	縉彥 三月降賊。
任。	忻 三月降賊。
	景文 二月入閣。三月殉難。 陳必謙 三月任。
	邦華 三月殉難。

校勘記

〔一〕閏七月征安南　原脫「閏」字，據本書卷一九八毛伯溫傳、世宗實錄卷二二七嘉靖十八年閏七月辛酉條補。

〔二〕四月加太子少保　太子少保，原作「太子太保」，據本書卷二〇二趙炳然傳、穆宗實錄卷三三隆慶三年六月己亥條改。

〔三〕六月督師　原脫「六月」二字，據本書卷二二熹宗紀、熹宗實錄卷六天啓元年六月辛巳條補。